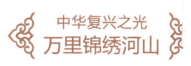

中华复兴之光
万里锦绣河山

梦幻天然美景

冯 欢 主编

汕头大学出版社

图书在版编目（CIP）数据

梦幻天然美景 / 冯欢主编. -- 汕头 ： 汕头大学出
版社，2016.1（2019.9重印）
（万里锦绣河山）
ISBN 978-7-5658-2377-0

Ⅰ. ①梦… Ⅱ. ①冯… Ⅲ. ①风景区－介绍－中国
Ⅳ. ①K928.7

中国版本图书馆CIP数据核字（2016）第015652号

梦幻天然美景　　　　　MENGHUAN TIANRAN MEIJING

主　　编：冯　欢
责任编辑：汪艳蕾
责任技编：黄东生
封面设计：大华文苑
出版发行：汕头大学出版社
　　　　　广东省汕头市大学路243号汕头大学校园内　邮政编码：515063
电　　话：0754-82904613
印　　刷：北京中振源印务有限公司
开　　本：690mm×960mm　1/16
印　　张：8
字　　数：98千字
版　　次：2016年1月第1版
印　　次：2019年9月第3次印刷
定　　价：32.00元
ISBN 978-7-5658-2377-0

前言

党的十八大报告指出："把生态文明建设放在突出地位，融入经济建设、政治建设、文化建设、社会建设各方面和全过程，努力建设美丽中国，实现中华民族永续发展。"

可见，美丽中国，是环境之美、时代之美、生活之美、社会之美、百姓之美的总和。生态文明与美丽中国紧密相连，建设美丽中国，其核心就是要按照生态文明要求，通过生态、经济、政治、文化以及社会建设，实现生态良好、经济繁荣、政治和谐以及人民幸福。

悠久的中华文明历史，从来就蕴含着深刻的发展智慧，其中一个重要特征就是强调人与自然的和谐统一，就是把我们人类看作自然世界的和谐组成部分。在新的时期，我们提出尊重自然、顺应自然、保护自然，这是对中华文明的大力弘扬，我们要用勤劳智慧的双手建设美丽中国，实现我们民族永续发展的中国梦想。

因此，美丽中国不仅表现在江山如此多娇方面，更表现在丰富的大美文化内涵方面。中华大地孕育了中华文化，中华文化是中华大地之魂，二者完美地结合，铸就了真正的美丽中国。中华文化源远流长，滚滚黄河、滔滔长江，是最直接的源头。这两大文化浪涛经过千百年冲刷洗礼和不断交流、融合以及沉淀，最终形成了求同存异、兼收并蓄的最辉煌最灿烂的中华文明。

五千年来，薪火相传，一脉相承，伟大的中华文化是世界上唯一绵延不绝而从没中断的古老文化，并始终充满了生机与活力，其根本的原因在于具有强大的包容性和广博性，并充分展现了顽强的生命力和神奇的文化奇观。中华文化的力量，已经深深熔铸到我们的生命力、创造力和凝聚力中，是我们民族的基因。中华民族的精神，也已深深植根于绵延数千年的优秀文化传统之中，是我们的根和魂。

　　中国文化博大精深，是中华各族人民五千年来创造、传承下来的物质文明和精神文明的总和，其内容包罗万象，浩若星汉，具有很强文化纵深，蕴含丰富宝藏。传承和弘扬优秀民族文化传统，保护民族文化遗产，建设更加优秀的新的中华文化，这是建设美丽中国的根本。

　　总之，要建设美丽的中国，实现中华文化伟大复兴，首先要站在传统文化前沿，薪火相传，一脉相承，宏扬和发展五千年来优秀的、光明的、先进的、科学的、文明的和自豪的文化，融合古今中外一切文化精华，构建具有中国特色的现代民族文化，向世界和未来展示中华民族的文化力量、文化价值与文化风采，让美丽中国更加辉煌出彩。

　　为此，在有关部门和专家指导下，我们收集整理了大量古今资料和最新研究成果，特别编撰了本套大型丛书。主要包括万里锦绣河山、悠久文明历史、独特地域风采、深厚建筑古蕴、名胜古迹奇观、珍贵物宝天华、博大精深汉语、千秋辉煌美术、绝美歌舞戏剧、淳朴民风习俗等，充分显示了美丽中国的中华民族厚重文化底蕴和强大民族凝聚力，具有极强系统性、广博性和规模性。

　　本套丛书唯美展现，美不胜收，语言通俗，图文并茂，形象直观，古风古雅，具有很强可读性、欣赏性和知识性，能够让广大读者全面感受到美丽中国丰富内涵的方方面面，能够增强民族自尊心和文化自豪感，并能很好继承和弘扬中华文化，创造未来中国特色的先进民族文化，引领中华民族走向伟大复兴，实现建设美丽中国的伟大梦想。

目录

南方风景区

神奇的乐土——西双版纳　002

山岭的雕刻——哈尼梯田　009

高居仙界的山——大理苍山　015

银色的山岩——玉龙雪山　024

山水神秀——浙江天台山　031

北方风景区

036　北方的江南——天津盘山

045　雄奇秀美——河北苍岩山

054　峰峦最多的山——辽宁千山

062　童话的世界——辽宁青山沟

1

中部风景区

东华山——永济五老峰　068

传奇之地——河南尧山　075

樟树之乡——江西武功山　082

皖东明珠——安徽琅琊山　088

西部风景区

098　别有仙境——酉阳桃花源

105　纳祥送吉——四川佛宝

110　光彩夺目——重庆金佛山

117　冰雪世界——四川贡嘎山

南方风景区

　　在我国的南部地区，有着广袤的地域，这里地势西高东低，地形多为平原，夹以盆地与高原，交错丘陵与山地。

　　这里以热带亚热带季风气候为主，平原地区河湖众多，水网纵横，具有典型的南方水乡特色；丘陵山地大多植被繁茂，郁郁葱葱，景色秀丽。

　　其中独具魅力的要数西双版纳、哈尼梯田、玉龙雪山、金华双龙洞等地，风光旖旎，是南方综合自然风景区的典型代表。

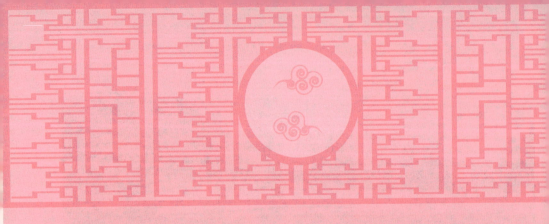

神奇的乐土——西双版纳

西双版纳傣族自治州位于云南省南端，是云南省下辖的一个自治州。西双版纳的古代傣语叫"勐巴拉那西"，意思是"理想而神奇的乐土"，这里以神奇的热带雨林自然景观和少数民族风情而闻名于世。

　　西双版纳不仅拥有最美丽的热带风光、最迷人的森林和美味的热带水果，还拥有别具一格的民族习俗文化。

　　传说，原始的西双版纳的村落、田地和河流，都是由大蛇和大鹰的躯体变化而来的。

　　还有个传说，古代西双版纳的领袖叭阿武的父亲，原是一个牛王，一天，牛王的妻子因吃了牛王吃剩下的椰子而怀孕，后来便生子传代。

　　这个神话故事说明，西双版纳从原始的母系氏族社会开始，就在这里繁衍生息。

　　1570年，明朝在当地的最高行政长官宣慰司把西双版纳辖区分12个"版纳"，从此便有了"西双版纳"这一傣语名称。

　　"西双版纳"是傣语中"十二千田"的意思，"西双"即傣语的"十二"，"版纳"是傣语的"一千块稻田"。在过去，封建领主计算

傣族领地时，以稻田划分行政区，便以12个领主分管12块稻田的领地之意而定名。

西双版纳位于云南南部西双版纳傣族自治州境内，西双版纳景区主要包括景洪县风景片区、勐海县风景片区、勐腊县风景片区3大块。

西双版纳共有19个风景区，800多个景点，总面积达1200多平方千米。著名景点有：景洪、曼飞龙佛塔、澜沧江畔、曼阁佛寺、曼景兰旅游村、红旗水库、打洛原始森林公园、动物奇观、植物奇观、热带雨林、傣族泼水节。

西双版纳是我国主要的热带雨林自然保护区，这里林木参天，珍禽异兽比比皆是，奇木异葩随处可见。西双版纳有种类繁多的动植物资源，被称为"动植物王国"。其中，许多珍稀、古老、奇特和濒危的动植物是西双版纳独有的。

西双版纳景观以丰富迷人的热带、亚热带雨林、季雨林、沟谷雨林风光、珍稀动植物和绚丽多彩的民族文化、民族风情为主体。

西双版纳与老挝、缅甸接壤，国境线长达900多千米。她美丽、富饶、神奇，犹如一颗璀璨的明珠镶嵌在祖国西南的边疆。

澜沧江纵贯南北，出境后称"湄公河"，流经缅、老、泰、柬、越五国后汇入太平洋，被誉称为"东方多瑙河"。因此，西双版纳既是面向东南亚和南亚的重要通道和基地，也是云南对外开放的窗口。

西双版纳下辖景洪市、勐海县、勐腊县。西双版纳属热带季风气候，日照充足，雨量充沛，一年内分干季和湿季，年平均气温在21度左右。

这里因地处北回归线以南的热带北部边缘，气候类型为热带季风气候，山区为亚热带季风性湿润气候，终年温暖、阳光充足、热量丰

富、湿润多雨，具有"长夏无冬、一雨成秋"的特点。

这里一年只分为雨季和旱季两季。雨季长达5个月，旱季则长达7个月之久。又因距海洋较近，受印度洋西南季风的控制和太平洋东南季风的影响，常年湿润多雨，所以森林繁茂密集，植物盛多，因此，西双版纳被誉为"植物王国"。

从地图上看去，就会发现在西双版纳同一纬度上的其他地区，几乎都是茫茫一片荒无人烟的沙漠或戈壁，唯有这里的2万平方千米土地就像块镶嵌在皇冠上的绿宝石，格外耀眼。

在这片富饶土地上，有占全国四分之一的动物和六分之一的植物，是名副其实的"动物王国"和"植物王国"。西双版纳拥有许多的世界之最和中国之最，其中包括以鸟类繁多等多项纪录，入选世界纪录协会世界之最和中国之最。

西双版纳是我国第一批重点风景名胜区之一，西双版纳境内的许多植物都是珍贵药材。如：抗癌药物美登木和嘉兰；治高血压的罗芙木；健胃驱虫的槟榔；被誉为"花中之王"的依兰香可制成高级香料；还有见血封喉的箭毒木……

西双版纳广大茂密的森林给各种野生动物提供了理想的生息场所，这里鸟兽种类之多，是国内其他地方无法相比的。其中被列为世界性保护动物的有亚洲象、兀鹫、印支虎和金钱豹等。另有国家一级保护动物野牛、羚羊和懒猴等，还有许多二类、三类保护动物。

西双版纳还盛产橡胶，是全国第二大产胶区，单产居全国之首。另外还盛产大米、多种热带水果和砂仁等珍贵药材，是名副其实的"绿色王国"和"南药王国"。

傣族竹楼是一种竹木结构的空中楼阁，是一种干栏式建筑，面积相当大，整个楼阁用几十根大木柱支撑着，地板用竹片铺砌。楼下四面敞开，不住人，只是堆放杂物和养牲畜，楼上住人。

傣族竹楼房顶盖着很薄的小平瓦，其形状很像古代人戴的帽子。

据当地人说，这是孔明帽，传说当年诸葛亮曾教会当地人种植水稻，当地人为了纪念他，便把竹楼的房顶设计成他的帽子那样。

西双版纳的佛寺和佛塔很多，其中最著名的是大勐龙佛塔和景真八角亭。大勐龙佛塔是一组群塔，位于景洪县大勐龙的曼飞龙寨后山上，也称曼飞龙塔，由9座白塔组成，塔群造型优美，风格别致。

坐落在景洪澜沧江对岸的曼阁佛寺，是一座建筑风格特殊和造型轮廓庄重的佛寺。

景真八角亭也称勐真佛塔，位于勐海县城西呈八角形。它8个边每边都有10个"人"字形屋脊，一层套一层，直至塔顶。塔顶有一个伞状顶帽，上面的金属薄片上刻有网状哨眼，风一吹动，便发出哨声。

据傣族有关佛经记载，勐真佛塔是我国古代傣族佛教徒仿照佛祖释迦牟尼的帽子式样修造的，是傣族佛教建筑艺术中的珍品。

知识点滴

"孔雀公主"是西双版纳地区广泛流传的傣族民间爱情故事。传说，在很久以前，在遥远美丽的西双版纳，头人召勐海的儿子召树屯英俊潇洒、聪明强悍，喜欢他的女孩子很多，可他却还没找到自己的心上人。

有一天，召树屯的猎人朋友对他说："明天，有7位美丽的姑娘会飞到郎丝娜湖来洗澡，其中最美丽的是七姑娘南吾罗娜，你只要把她的孔雀氅藏起来，她就不能飞走了，就会留下来做你的妻子。"

第二天，召树屯按照猎人的话做了，他果然娶到了自己心爱的新娘。

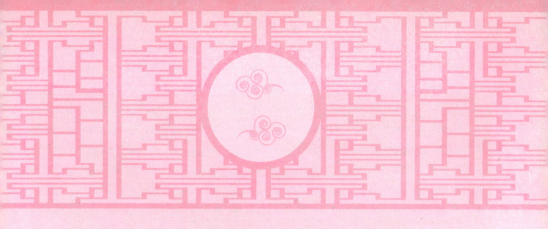

山岭的雕刻——哈尼梯田

　　位于云南省哀牢山南部的红河哈尼族彝族自治州的哈尼梯田，是我国最美的"山岭雕刻"，被人们誉为"哈尼人的天梯"。

　　哈尼梯田规模宏大，气势磅礴，绵延整个红河南岸的红河、元阳、绿春及金平等县，仅元阳县就有1.1万公顷梯田，是红河哈尼梯田

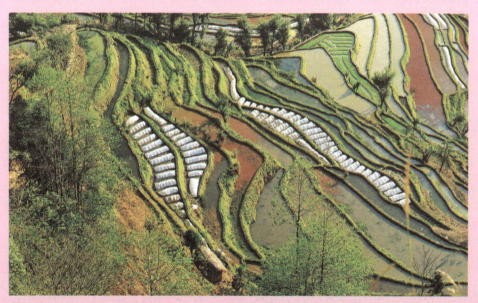

的核心区。元阳县以梯田稻作为主，被明代农学家徐光启列为我国农耕史上的七大田制之一。

早在1300年前的唐朝，哈尼族就来到了哀牢山南部沟壑纵横的山区定居，他们凭着坚忍不拔的毅力，利用这里垂直气候明显、雨量充沛和适合种稻的特点，经过世代人的辛勤劳作，在山间开垦出了梯田，并一直沿用至今。

元阳县境内全是崇山峻岭，所有的梯田都修筑在山坡上，梯田坡度在15度至75度之间。以一座山坡而论，梯田最高级数达3000级，这在中外梯田景观中都是罕见的。

元阳哈尼梯田主要有三大景区：坝达景区包括箐口、全福庄、麻栗寨、主鲁等连片934公顷的梯田；老虎嘴景区包括勐品、硐浦、阿勐控、保山寨等近400公顷梯田；多依树景区包括多依树、爱春、大瓦遮等连片上万亩梯田。如此众多的梯田，在茫茫森林的掩映中，在漫漫云海的覆盖下，构成了神奇壮丽的景观。

哈尼梯田分布较广，除了上述三大景区以外，还有大坪乡小坪子梯田，逢春岭乡尼枯浦梯田、老曹寨梯田、大鱼塘梯田，小新街乡石碑寨梯田、大拉卡梯田、嘎娘乡大伍寨梯田、苦鲁寨梯田、上新城乡下新城梯田、瓦灰城梯田、沙拉托乡坡头梯田、马街乡瑶寨梯田等，都是近几千几万亩的梯田，形状各异，各具特色，但因路远和交通不便而很少有旅游者涉足。

据我国最古老的史书《尚书》中记载，早在2300多年前的春秋战国时期，哈尼族先民"和夷"便在其所居住的四川省大渡河、雅砻江、安宁河流域的"黑水"开垦梯田，进行水稻耕作。

自唐朝初期的哈尼族在红河南岸哀牢山区定居下来并开垦大量梯田之后，梯田文化就成为了整个哈尼族的灵魂。

从远处看去，哈尼梯田相当美丽壮观。当太阳呈逆光角度驱散晨雾时，层层梯田便渐渐染上金光，坐落其间的哈尼村寨，被云雾掩映得扑朔迷离，如诗如画，如梦如幻。

哈尼梯田有"四绝"：一绝面积大，形状各异的梯田连绵成片，每片面积多达上千亩；二绝地势陡，从15度的缓坡至75度的峭壁上，都能看见梯田；三绝级数多，最多的时候能在一面坡上开出3000多级阶梯；四绝海拔高，梯田由河谷一直延伸到海拔约2千米的山上，可以达到水稻生长的最高极限。

元阳哈尼族梯田之所以如此壮丽和独特，与大自然特殊地理结构是分不开的。

元阳位于云南省南部，而云南省地形分布的特点是西北高、南部低，从滇西北的中甸、丽江经大理、楚雄到到滇南的思茅、版纳、红河、文山，海拔渐渐下降。形成了滇西北高海拔地区常年无夏的寒温带和寒带气候类型，以及滇南低海拔地区全年无冬的亚热带和热带气候类型。

从滇西北至滇南，随着海拔下降，立体气候越来越显著，降雨量也越来越大。全省降雨量最大的就是红河南岸哈尼族聚居地区，相应的稻作农耕越来越密集，旱地耕作越来越减少。

这就使从滇西北的怒江、澜沧江、长江水系至滇南江河水系流域，梯田稻作文化越来越发达，并最终在红河南岸哀牢山南段哈尼族地区形成了全省、全国最集中、最发达的梯田稻作区的地理环境。

元阳县内气候多属亚热带季风类型，但因地形复杂悬殊，立体气候突出。在由河坝经下半山、上半山到高山区的行程中，要经历热带、温带、寒带的变化，正所谓"一山分四季，十里不同天"。

河坝峡谷因其酷热干旱素称"干热河谷区"，高山区因低温降雨量大称为"阴湿高寒区"。

低纬度干热河谷区常年出现的高温使江河之水大量蒸发，巨量水蒸气随着热气团层层上升，在高山"阴湿高寒区"受到冷气团的冷却和压迫，形成元阳年均雾期多，降雨量多的状况。这也是为什么元阳上半山地区终年大雾笼罩、降雨极其丰沛和云海格外神奇壮丽的原因。

围绕着梯田构筑和大沟挖掘，哈尼族发明了一套严密有效的用水制度，从开沟挖渠、用工投入，到沟权所属、水量分配和沟渠管理等，无不精心经营。如水源管理者发明了"水木刻"。这是根据各家权益设置的划有不同刻度的横木，安放在各家田块的入水口，随着沟水流动来调节各家各户的用水。

如此公平合理而又科学的管理，保证了每块梯田都能得到充足的水量。对稻作之民来说，水之外最重要的就是肥，哈尼族利用村寨在上、梯田在下的地理优势，从而发明了"冲肥法"。

哈尼梯田生态系统呈现不少特点：每一个村寨的上方，矗立着茂密的森林，提供着水、用材、薪炭之源，其中以神圣不可侵犯的寨神林为特征。

村寨下方是层层相叠的千百级梯田，那里提供着哈尼人生存发展的基本条件，那就是粮食；中间的村寨由座座古意盎然的蘑菇房组合而成，形成人们安度人生的居所。

这一结构被盛赞为江河—森林—村寨—梯田四度同构的人与自然高度协调的、可持续发展的、良性循环的生态系统，这就是千百年来哈尼人民繁衍生息的美丽家园。

知识点滴

沟长是哈尼村寨中一个管理水沟的专职人员，每个哈尼村寨都有一至几个这样的人，他们由全体村民公选出来，首要的条件是道德高尚和正直公平，因为水沟的管理关系到梯田用水，这是村寨的头等大事。

沟长的主要任务是巡察和维修水沟，保证沟水的畅通，所以他们肩膀上永远扛着一把锄头，见到沟堤漏水或堵塞，马上就要修理。他的另一个责任便是管理分水木刻，严查木刻是否被人擅自挪动或毁坏，如果有人偷水或破坏分水木刻被捉到，一律严惩不贷。

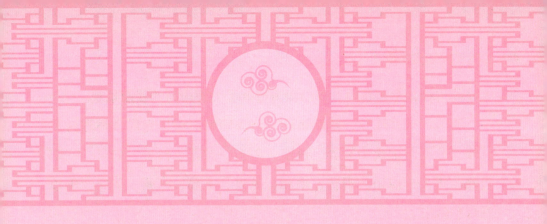

高居仙界的山——大理苍山

苍山又名点苍山，是云岭山脉南端的主峰，由19座山峰由北而南组成，北起洱源邓川，南至下关天生桥。

传说，有一年苍山脚下瘟疫流行，有两兄妹用学到的法术把瘟神赶到山顶上，埋在雪里冻死了。为了使瘟神不得复生，妹妹变成了雪

人峰的雪神，永镇苍山。苍山积雪造就了大理山河的壮丽景观。

苍山"十九峰"，巍峨雄壮，与秀丽的洱海风光形成强烈对照，其峰自北而南依次为云弄、沧浪、五台、莲花、白云、鹤云、三阳、兰峰、雪人、应乐、观音、中和、龙泉、玉局、马龙、圣应、佛顶、马耳和斜阳。

这些山峰，最高的马龙峰海拔4.1千米。雄奇的群峰，崛起千古的高峻苍山，兀立在眼前，像一个巨大的惊叹号。屏立的"十九峰"如龙游动，连绵百里，气势磅礴。它们姿态万千，巍峨耸立，直插云霄，成为一种雄伟的标志。

置身于苍山的香树繁花间，如居仙界的高处。繁多的植物种类营造成一个堪称伟大的森林公园。

摇曳多姿的阔叶林，高大伟岸的冷杉，以及在接近峰顶处的千万株杜鹃林，展现着丰富多彩的季候标志，火苗样的映山红，洁净如雪的大白花杜鹃，以及乳黄色的在这高处让人感到温暖的黄杜鹃，密枝

中还会显眼地探出朵朵的紫色杜鹃，更有那居于高大的枝头上让人不可近睹与触摸的泡叶杜鹃以及那些知名或不知名的山花都会发出沁人心脾的芳香。

在苍山"十九峰"的每两峰之间都有一条溪水奔泻而下，流入洱海，这就是著名的"十八溪"，溪序为霞移、万花、阳溪、茫涌、锦溪、灵泉、白石、双鸳、隐仙、梅溪、桃溪、中溪、绿玉、龙溪、清碧、莫残、葶溟和阳南。

苍山"十九峰"孕育着终年奔流而下的"十八溪"，孕育出风光旖旎的洱海，孕育成苍山洱海间的百里绿野平畴，也孕育着这绿野平畴间迷人而神奇的生活。

雄伟壮丽的苍山山顶白雪皑皑，银装素裹，人称"苍山雪"。苍山峰顶异常严寒，终年白雪皑皑，在阳光下晶莹洁白，蔚为壮观。

经夏不消的苍山雪，是素负盛名的大理"风花雪月"四景之一，也是苍山景观中的一绝。寒冬时节，百里点苍，白雪皑皑，阳春三

月，雪线以上仍堆银垒玉。

苍山云景变幻万千，其中最有名的是"望夫云"和"玉带云"。

苍山并不仅仅是一座山，苍山是一个集合体，苍山也是大理一切开始的地方。

云，一直都是用来观望的，而大理的云，却可以置身其中。季节在循环往复中充盈着清澈透亮的湖水。高原之夏，雨来得快，去得也快。常常是在雨后初晴，碧空如洗的时候，一条乳白色的云带在婀娜多姿地飘荡着，犹如盘踞在苍山身上的玉带。

玉带云不仅妩媚动人，而且按白族农谚所说，她还是丰收的预兆："苍山系玉带，饿狗吃白米。"玉带云，可以把人们带入清凉洁净的天界。

这里有飞瀑流泉之景，这里有曲径通幽之境。泉与山是密切相关的，山是一个沉默的庞大个体，而泉水则是山在隐秘处不停地吐出的呓语。蝴蝶泉水流入山溪，最终流进洱海，因此洱海也应该是一眼巨大的泉。洱海之语是一种天音，需用心方可听见。这就是洱海与苍山的关系。

在苍山之麓的蝴蝶泉边，清泉辉映；蝴蝶泉中，清澈的泉底铺满了晶莹的卵石，汩汩的泉水，在不停地从细细白沙中漫涌而出，那些美丽轻盈，晶莹透亮的气泡，就像从远处传来的歌声。

不绝流淌的苍山"十八溪"之水清澈透亮，长年累月，慢慢汇聚成一泓永远也不会干涸的洱海之水，一种难以拒绝的千古沧浪之韵。苍山之水永远在翠绿的主调和五彩变幻之中跳跃，蜿蜒快乐地奔涌。

高山之水未及沾染人间烟火，它们在山石与丛林中时隐时现，飞花点翠，灵动清澈，滋养了苍山万物，并在驻足与相聚之处，浸润着肥美的原野。

18条溪流，性格各异，千姿百态，万种风情。唯一不变的，是溪流中无法沾染的天界之纯净。

苍山形胜，莽莽苍苍，大气磅礴中尽显阳刚之气；洱海碧水，浩浩荡荡，舒卷起伏中充盈阴柔之秀。大理作为名胜之地，其性格莫不在这山水的交融之中。

苍山的森林也自成景观。这座四季苍翠的山，由下而上形成了幼林草地带、松林栎林带、冷杉杂木带、高山草地带，具有层次分明的高山景观和变化有致的季相景观。

以苍山命名的苍山冷杉，以其楚楚动人的身姿与不畏风雪严寒的气质雄踞于苍山海拔3千米以上的悬崖绝壁之上，是我国冷杉属树种在地理位置上分布最南的一个树种，也是我国特有的一种高山景观植物，被誉为"树中君子"。

苍山花卉，品种繁多。云南的八大名花，即山茶花、杜鹃花、玉兰花、报春花、百合花、龙胆花、兰花、绿绒蒿，在苍山都寻找得到踪迹。

其中，仅杜鹃花品种就有40多种，从山脚直至海拔4.1千米的积雪地带，层层叠叠，成片成簇，植株高者呈大树状；矮者呈匍匐状贴地而生，形成地毯状景观。花的形状更是千姿百态，花色有红、白、黄、紫、蔷薇等10多种不同颜色。

在这花的海洋里，有的品种仅为苍山一地所独有，如和蔼杜鹃、蓝果杜鹃；有的以大理命名，如大理杜鹃、大理腺萼杜鹃。

世界上杜鹃花属中叶子最大的品种凸尖杜鹃，就生长在苍山上。苍山，可以当之无愧地称为"天然杜鹃花园"。

苍山气候适宜，植被茂密，是野生动物的乐园。这里至今还生活着鹿、麂、岩羊、野牛、山驴、野猪、狐、雉鸡等以及少数的珍稀动物"四不像"。

苍山的泉水为人称道，除了18条长流不息的溪水外，在海拔3.8千米以上的苍山顶上，有着不少高山冰碛湖泊，是第四纪冰期遗留下来的痕迹。

其中，著名的有洗马潭、黄龙潭、黑龙潭等，潭水莹澈，泻出的泉水更是清洌异常，青碧璀璨。苍山群溪中，清碧溪、七龙女池素享盛名。

七龙女池景色之美，因藏之深山而自成特色，在苍山群溪中独具卓然之势。七龙女池与苍山其他泉溪有不同的特点，概括起来说是奇、秀、清、幽。传说，这里是七位龙女沐浴之地，实在是一个充满奇幻色彩的景点。

七龙女池的流水千姿百态，撩人心扉，无不体现一个"秀"字。

七龙女池水色十分清澈，一龙女池清亮如绸缎，二龙女池澄碧如绿玉，三龙女池透明似薄冰，四龙女池纯净如水晶，五龙女池晶莹如水银，六龙女池汪浅似月光，七龙女池则深藏山涧，犹如一汪醇香美酒。

七龙女池，景色幽深，藏在两山夹峙的深壑间，池水在天光映射下，闪着幽邃神秘的光。附近石壁上，有人刻下"销魂"两字，其中

深意不言自明。

苍山还是驰名中外的大理石的出产地。大理石又名苍山石，是一种以碳酸钙为主，间含微量氧化硅、镁、铁等金属、非金属杂质的石灰岩。

大理石石质细腻，光滑如脂，花纹奇美，其中以花纹取胜的"彩花石"一经打磨便呈现出千姿百态的山水、花鸟、人物的天然画面，被誉为"石中瑰宝"。苍山由千姿百态的石头构成的石峰、石崖、石洞，让人们流连忘返。

苍山洱海之间，古为泽国，有关龙的传说特别多。点苍山的诸多泉、潭，大多以龙命名。

据说，黑龙潭居住的黑龙是公龙，黄龙潭居住的黄龙为母龙，7位龙女就是黑龙与黄龙的女儿，她们常常瞒着父母，跑到这里来洗澡。

大女儿在面积最大的一龙女池，以下的几个妹妹依据年龄大小，依次选择了其余几个水池。七龙女年纪最小又怕羞，就躲到幽深的山涧间的七龙女池洗澡。7位龙女洗澡时，苍山就飘起玉带云，这是她们腰带解下后连在一起变成的。

知识点滴

银色的山岩——玉龙雪山

　　玉龙雪山位于云南省丽江西北玉龙纳西族自治县境内，呈南北走向，与哈巴雪山对峙，汹涌澎湃的金沙江奔腾其间。全山13座峰，峰峰终年积雪不化，犹如一条矫健的玉龙横卧山巅，有一跃而入金沙江之势，故名"玉龙雪山"。

　　玉龙雪山是北半球最南端的大雪山。高山雪域风景主要以险、奇、美、秀著称于世，随着时令和阴晴的变化，有时云蒸霞蔚、玉龙时隐时现；有时碧空如洗，群峰晶莹耀眼；有时云带束腰，云中雪峰皎洁，云下岗峦碧翠；有时霞光辉映，雪峰如披红纱，娇艳无比。

　　整个玉龙雪山集亚热带、温带及寒带的各种自然景观于一身，构成独特的"阳春白雪"主体景观。雨雪新晴之后，雪格外白，松格外绿，掩映生态，移步换形，很像白雪和绿松在捉迷藏，蔚为奇观。

　　纳西族人称雪山为"波石欧鲁"，意为"白沙的银色山岩"。

　　九仙峰位于云南迪庆香格里拉县三坝乡东坝村，从玉龙雪山一个角落看与九仙峰极其相似。

　　九仙峰下的纳西族是纳西最早的原始民族，语言与东巴文化的经书一模一样。经考察，玉龙雪山的"亲兄弟"可能是东坝九仙峰。

　　玉龙雪山是纳西族及丽江各民族心目中一座神圣的山，纳西族

的保护神"三朵"就是玉龙雪山的化身,至今丽江还每年举行盛大的
"三朵节",三朵节也是纳西族法定的民族节。

玉龙雪山凭其迷人的景观、神秘的传说和至今尚是无人征服的处
女峰而令人心驰神往。

玉龙雪山不仅巍峨壮丽,而且随四时的更换,阴晴的变化,显示
奇丽多姿,时而云雾缠裹,雪山乍隐乍现,似犹抱琵琶半遮面的美女
神态;时而山顶云封,似乎深奥莫测;时而上下俱开,白云横腰一
围,另具一番风姿;时而碧空万里,群峰如洗,闪烁着晶莹的银光。

即使在一天之中,玉龙雪山也是变化无穷。凌晨,山村尚在酣
睡,而雪山却已早迎曙光,峰顶染上晨曦,朝霞映着雪峰,霞光雪
光相互辉映;傍晚,夕阳西下,余晖山顶下的雪山像一位披着红纱的
少女,亭亭玉立;月出,星光闪烁,月光柔溶,使雪山似躲进白纱帐
中,渐入甜蜜的梦乡。

玉柱擎天风景区位于玉龙雪山主峰南麓，也是人称玉龙山下第一村的地方——巫鲁肯。玉柱擎天海拔约2.8千米，主要景点有巨石壁字、太子洞、观音岩、雪松庵、千年古树、上下深潭瀑布及高山蚂蟥坝、仙迹崖、杜鹃山、木天王牧场、万花园、岩碰岩、三思水、风光旖、秀甲一方。

在巨石峭壁上，竖刻着"玉柱擎天"4个字，这是由1724年丽江第一任流官知府杨题书写；其左下方横刻着"玉璧金川"4个字，乃是丽江郡丞聂瑞于1725年所题，这8个字奇书苍劲有力，虽经百年风雨剥蚀，仍依稀可认，陡岩和古字交相辉映，天工和人文融为一体。古人高超的石刻书艺及智慧，今人惊叹不已。

玉龙雪山冰雪融化成河水后从雪山东麓的一条山谷而过，因月亮在蓝天的映衬下倒映在蓝色的湖水中，所以在晴天时，水的颜色是蓝色的，而且山谷呈月牙形，远看就像一轮蓝色的月亮镶嵌在玉龙雪山脚下，所以名叫蓝月谷。

　　因河床、台地都是由白色大理石、石灰石碎块组成，呈一片灰白色，清泉从石上流过，也呈白色，因此得名"白水河"。白水河之水源于四五千米高处的冰川雪原融水，清洌凉爽，从无污染，是天然的冰镇饮料。

　　蓝月谷中的河水在流淌过程中因受山体阻挡，形成了4个较大的水面，人称玉液湖、镜潭湖、蓝月湖或听涛湖。

　　湖岸四周植被繁茂，远处雪峰背衬。湖水是透明的蓝，近乎凝固的湛蓝中，有些绿意点缀其间，倒映在湖面，如梦如幻，疑是仙境。

　　甘海子是玉龙雪山东面的一个开阔草甸，来到甘海子给人一种开阔空旷的感觉，在这里横看玉龙雪山、扇子陡等山峰历历在目。

　　从甘海子草甸至高处的雪线，可以看到各种各样的花草树木，兰花、野生牡丹、雪莲，品种繁多；高大乔木有云南松、雪松、冷杉、刺栗、麻栗等。

　　甘海子大草甸是一个天然大牧场，每年春暖花开，百草萌发，住

在甘海子附近山涧的藏、彝、纳西族牧民都要带上帐篷，骑着高头大马，驱赶着牦牛、羊群、黄牛，到草甸放牧。

云杉坪，又名"殉情第三国"，是纳西族人心中的圣洁之地。传说，从这里可通往"玉龙第三国"。

据东巴经中记载，"玉龙第三国"里"有穿不完的绫罗绸缎，吃不完的鲜果珍品，喝不完的美酒甜奶，用不完的金沙银团，火红斑虎当乘骑，银角花鹿来耕耘，宽耳狐狸做猎犬，花尾锦鸡来报晓"。

云杉坪是玉龙雪山东面的一块林间草地，雪山如玉屏，高耸入云；云杉坪环绕如黛城，郁郁葱葱。在云杉坪周围的密林中，树木参天，枯枝倒挂，枝上的树胡子，林间随处横倒的腐木，枯枝败叶，长满青苔，好像千百年来都没人打扰过，就像一个天然的乐园。

玉龙雪山分布着欧亚大陆离赤道最近的现代海洋性温冰川和雪海，冰川类型齐全，其中"白水一号"现代冰川位于玉龙雪山主峰扇子陡的正下方。从山脚望去，如一条瀑布悬挂天际，令人震撼不已。冰舌部分的冰塔林，像一把把刀戟直刺苍穹，在阳光的照射下，不白而绿、绿雪万仞，仿佛一块块巨大的翡翠碧玉镶嵌在怪石嶙峋之间。

靠近冰川，只听见有"哗啦啦"的流水声，那是冰川融化后形成的冰河。前方的扇子陡发出阵阵巨响，那是雪崩时发出的响声。千万年来，扇子陡始终如一、源源不断地为冰川补给着新雪。

玉龙雪山还是动植物的宝库，主要经济动物有60多种，属于国家重点保护的珍稀动物有滇金丝猴、云豹、金猫、雪豹、藏马鸡、绿尾梢虹雉、穿山甲、小熊猫、大小灵猫、白腹锦鸡、血雉白鹇等。

玉龙雪山有藻类植物、地衣植物、苔藓植物、蕨类植物及种子植物数百余种；有报春花、杜鹃花及兰花近百种，是我国植物标本的集中产地，有"天然高山动植物园"和"现代冰川博物馆"之称。

知识点滴

传说，三朵是丽江木氏土司麾下的常胜将军，但在一次战斗中却不幸失手牺牲了。三朵牺牲后化身为玉龙雪山上的一块巨大雪石。

在农历二月初八这天，一位猎人上了玉龙雪山，猎人发现这块雪石看似威武奇特，实则非常轻，猎人便想将其搬回家中，刚走到山脚停下来歇息，之后再搬却纹丝不动，猎人便感神奇，奔走相告。

纳西人都觉得这是战神三朵死后转世为玉龙雪山的山神，便就地建祠供奉。从此，三朵便被认为是玉龙雪山的化身，纳西族人的最高保护神。

山水神秀——浙江天台山

　　天台山是浙江省东部名山，隶属台州市天台县。山是从东北到西南的走向，西南连仙霞岭，东北遥接舟山群岛，为曹娥江与甬江的分水岭。

　　天台山主峰华顶山在天台县东北，由花岗岩构成。多悬崖、峭

壁、瀑布，以石梁瀑布最有名。盛产杉木、柑橘、药材等。

天台山绵亘浙江东海之滨，因"山有八重，四面如一，顶对三辰，当牛女之分，上应台宿，故名天台"，以佛教天台宗祖庭、道教南宗祖庭所在地和济公"活佛"的故乡而闻名于世。并且以"佛宗道源，山水神秀"最为著名。

天台山最著名的寺庙始建于隋代、重修于清雍正年间的国清寺，有殿宇14座、房屋600余间，大殿中有明代铸造重达13吨的铜铸释迦牟尼坐像，为我国保存完好的著名寺院之一。

天台山物华天宝，资源丰富。有九大仙草之首、轻身延年的"铁皮石斛"之称，有誉为长生不老药的天台山"乌药"，有仙道食粮"黄精"，有名扬四海的"笋箬"，有脆嫩透明的"豆腐皮"等等。天台山云雾茶、天台山蜜橘、小红毛花生更是久负盛名。

天台山是名僧济公的故乡，是佛教天台宗和道教南宗的发祥地。自然景观有华顶、琼台、赤城山等名山；仙人洞、吊船岩等怪岩；石梁飞瀑、水珠帘等瀑布。人文景观有国清、华顶、塔头等寺庙，以及古塔、碑刻等。

天台山自古闻名，王羲之、顾恺之、李白、苏东坡、陆游、徐霞客等人都在此留下了足迹。天台山的景点也各有特色，可概括为古、清、奇、幽4个字。

赤城栖霞、双涧回澜、华顶秀色、琼台月夜等被称为"天台八景"。天台山自古就有"大八景，小八景，有名有胜三十景，究竟共有多少景，数来数去数不清"之说。天台山可谓集诸山之美。

天台山是天然的植物园和动物园，奇草异木、珍禽异兽极多。有隋梅、唐樟、宋柏、宋藤，还有被称为"长生不老药"的乌药和"救命仙草"的铁皮石斛。尤其是广布千米高山的云锦杜鹃，龄逾百年，

古干如铁，虬枝如钩，枝繁叶茂。每年暮春，淡红、嫩黄之花竞相开放，花大而艳，一树千葩，花团锦簇，望之似锦若霞。树之古、面之广、花之盛，全国少见，为天台山一大植物奇观。另外，还有大灵猫、苏门羚、云豹等珍稀野生动物。

天台山不但自然风光绮丽秀美，人文积淀深邃厚实，其东有雪窦山；北有"越中胜境"国家级历史文化名城绍兴和新昌大佛城相接；南有温州雁荡山；西有浙中金华双龙洞；兰溪诸葛村和有号称东方好莱坞的东阳横店影视城，可谓黄金地带。

知识点滴

"佛国仙山"还造就了无数神奇的传说，汉朝刘晨、阮肇采药遇仙故事就发生在天台山。

东晋文学家干宝的《搜神记》记载："刘晨、阮肇入天台取谷皮，迷不得返。经十三日，饥。遥望山上有桃树，子实熟。遂跻险援葛至其下，啖数枚，饥止体充。欲下山，以杯取水，出一大溪。溪边有两女子，色甚美。刘、阮惊。二女遂欣然如旧相识，应邀还家，酒醑作乐。夜后就宿，婉态殊绝。过十日，求还，苦留半年。女遂相送，指示还路。既还，乡邑零落，已十世矣！"

北方风景区

　　在我国北方，地域辽阔，水草丰美。这里属丘陵与平原交错地带，森林和草原有机结合，既具有南方优雅秀丽的阴柔，又具有北方粗犷雄浑的阳刚，兼具南秀北雄之美。

　　这里属暖温带季风性气候，一年四季变化明显，是历代皇城的首选之地，是不可多得的宝地。

　　其中最让人流连忘返的有天津的盘山和吉林的仙景台，处处充满着粗犷豪放的气息，是我国北方自然风景区的典型代表。

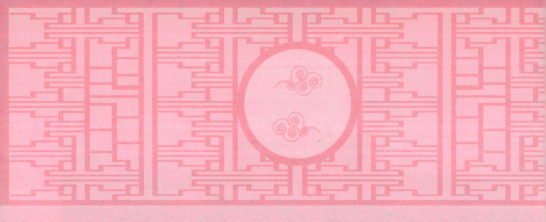

北方的江南——天津盘山

　　盘山位于天津蓟县城区西北，为国家5A级区。盘山始建于汉，盛建于唐，极于清，自然山水与名胜古迹并著，佛家寺院与后家轩林共称。

　　历史上众多帝王将相、文人墨客游历于此，清乾隆皇帝先后巡幸

盘山32次，留下了歌咏盘山的许多诗作，并发出了"早知有盘山，何必下江南"的感叹。

盘山犹如十里锦屏，巍然屹立于北京东部，历史上被列为我国十五大名胜之一，以"京东第一山"之称驰名中外。盘山古名盘龙山、四正山、无终山。

因它蜿蜒盘踞，"形无定向势如龙"，故名盘龙山；因它一峰独起，独立无依，蜂窝莲瓣，四面如一，故名四正山；因它位于古无终国，故名无终山。

三国魏时它即称无终山，曹操所著《表论田畴》中说"田畴率宗族入无终山中"。因为魏国田畴隐居无终山，曾为曹操征服乌桓当过向导，但又拒绝曹操所封官爵，一直隐居山中，所以后人为了纪念田畴，把无终山改叫田盘山，意思是田畴曾经在山中盘桓。省略叫法为"盘山"。

　　盘山风景区集幽林、古洞、奇峰、秀水于一身，共有多处景点，通过索道可直达盘山绝顶挂月峰，不论是神奇的自然景观，还是蕴誉精湛的人文景观，都吸引着人们的眼球。

　　盘山风景区的松，是盘山奇绝，多数生长于石缝之中，有的横生，有的形如伞盖，有的盘曲翳天。

　　明代王衡品评盘山胜景时曾说："松树当是盘山之最。"

　　乾隆皇帝曾赞叹："天下何处无松，盘山之松天下松之宗。"

　　盘山风景区的怪石，是盘山奇观，漫山遍野星罗棋布，千奇百态，明唐顺之游盘山写奇石说：

　　　　搜万象以效珍，何殊状而相亚，或藉草而羊眠，谅仙术之幻诈，或喝负而虎蹲，诧饮羽之神射，或屹立而不动。

　　盘山名石原传为八大名石，随着名人题字和游人的发现而不断地增加，智朴记载了25尊，乾隆《钦定盘山志》记载42尊，再后来《说盘》则记载了57尊。

盘山景区的秀水，是盘山奇胜，素帛湍飞，溅玉喷珠，三盘上下澎湃数十里，郦道元《水经注》中记载：

> 盘山水，水出山上。去山三里，望山上水可高二十里，素湍浩然，颓波历谷，沿流而下。

明代刘侗描写盘山清泉：

> 其下又多奔泉，泉动而触乎石溅鸣日夜，与石之锐下而方额者，势相摇倾，所为盘泉也。

乾隆皇帝在《盘山千尺雪记》曾写道：

> 汇万山之水而归于一壑，沧池之湍奏石面，谡谡之籁响松颠，时而阴雨忽晴，众溪怒勃则暴涨，虽千夫撞洪钟有不足比其壮者。

从盘山山门至"入胜"景点，壁壁题刻便迎面而至。"入胜"为荣禄手书。荣禄是清朝末年军机大

臣兼直隶总督。入胜，寓意已进入佛教净地。它源于古诗"山色葱茏入胜境，空谷低回溪流声。"

在东西浮青岭之间山谷中，两边是险峻的陡壁，清秀的峰峦，涧谷中弯曲的小溪，清流湍急。当道横卧一石，长数丈，高丈余，上宽下窄，形同元宝，名元宝石，上镌"此地有崇山峻岭，怪石奇松。"

古檀宁椿，"古檀"是现在的密云，宁椿是名字。古密云县的一位举人经过这里，被盘山的美景吸引住了，他想用一句话来概括盘山的胜景，于是他便借用了晋代著名书法家王羲之的《兰亭序》中有"此地有崇山峻岭，茂林修竹"一句，他看到盘山松树长势奇特，岩石形状怪异。因而在这里留下了此名。

南有光绪皇帝的启蒙老师傅增湘先生留下的石刻，傅增湘为中国商务印书馆的第一任馆长，曾与周学渊、江庸、邢端、周肇祥三游盘山，并写下《游盘山专号》3卷，为研究盘山历史提供了帮助。

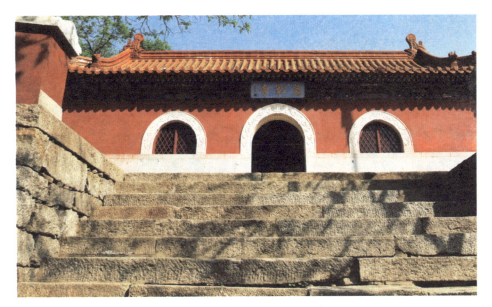

漱峡的飞瀑流泉，可谓"瀑布飞泉峰下注，状若缕缕素帛飘。""漱峡"两字是书法家刘炳南所写。

沿盘曲石磴山路，步步登高，跨过"仙人桥"，迎面即为有"稀世珍宝"之称的迎客松，迎客松树龄高达400年至600年，仪态肃穆，宛如挥手揖客。

盘山塔林，位于万松寺南侧，由近百座历代高僧的墓塔组成。石塔呈方形、六角形或覆钵状，有檐的，无檐的，实心的，空心的，均为花岗岩雕琢，极为罕见。主塔普照禅师塔、太平禅师塔，为砖体结构，砖上浮雕图案清晰生动，充分体现了我国浮雕工艺的深厚造诣。

万松寺东有普照禅师塔及普照禅师墓，塔前有二通碑，记载着万松寺的历史环境。万松寺是盘山寺庙中规模最大的一座。

在挂月峰西南方向矗立着一块青石，远看犹如一位威武雄壮的将军，在戍守山冈，这便是"盘山八大怪石"之一的"将军石"。

盘山南天门坐落在弥勒峰西，紫盖峰北，挂月峰南。主要有朝天

坊、登天梯和南天门阁楼等景观。登天梯从弥勒峰脚下起步，至日岩和月岩之间。起步处设有玉石牌坊，名朝天坊，上有麒麟雕像，刀工精细，栩栩如生。

最上处设有南天门阁楼，此阁楼吸纳了我国北方建筑风格创新而成。玲珑剔透、重檐歇山、黄色琉璃瓦屋面，旋式大点金彩绘。

上悬有清乾隆皇帝所题匾额楹联，正面匾额"南天门"和"千章紫锦"点睛了"雷霆俯视山腰斗，日月横看树林悬"的恢宏景观特色和阁楼的名称。

沿着云罩寺东行，拾级而上，石磴仅容一人通行，险峻之势，令人悚然，东崖壁上镌刻着"去天尺五"4个大字。再上便是"喘气岩"，岩上镌刻着"一览众山小"5个大字。

继续上行，即达盘山绝顶挂月峰。挂月峰上锐下削，为盘山之巅。登上盘山绝顶，但见自来峰的松海中一树鹤立鸡群，名为挂钟松。此松10米多高，枝繁叶茂，在枝干分叉处，有一道深凹的沟痕，因为这株大松树上曾悬挂过一口上千千克的铁钟而得名。

当年，云罩寺的僧人每撞击洪钟之时，其声远在几十千米外清晰可闻。据悉，早在唐开元年间建云罩寺时即有此松，并悬其钟，此事距今已有1200余年。那么，挂钟松当为盘山受之无愧的"千岁爷"了。

盘山最著名的是八景，这里山势陡峭，巍峨挺拔。东山崖上有一石罅涌出泉水，水沿着一条长达数十米的狭槽，弯曲流下，水声潺潺，注入山脚下一泉内，故名"一线泉"。

在泉旁，拾级而上，山腰有石窟，俗称"大、小石洞""小石洞"名为"观音洞"又叫"仙人洞"。

洞内正壁神台上刻有文殊、普贤、观世音三菩萨骑兽像，两侧为十八罗汉，这些作品皆为浮雕凸体彩绘像。窟顶常年渗水，常聚滴而下，落地击声如鼓，故有"水打洞"之称。

大石洞开凿于观音洞北侧的峭壁上，形势险要，攀登艰难，进入此洞需经过一条栈道独木桥方可进入，此桥也叫仙人桥，为盘山八景

之一。洞内原塑有送子观音像。

在山下寺院大殿前有一古松，相传为唐代所栽，树冠如盖，傲然屹立，有"盆丽唐松"之称。此外盘山八景中还有连理槐抱榆树和为人赞颂的"日落晚霞"。被称作花中之王的盘山牡丹，也独具秀色。盘山是风景秀丽令人神往的地方。

知识点滴

乾隆是到盘山次数最多的封建帝王，他在盘山的遗迹至今随处可见。乾隆九年，也就是1744年，他开始在盘山修建行宫静寄山庄，直至乾隆十九年才竣工。

乾隆对盘山可谓情有独钟，一生中有28年共32次登临盘山，最多时一年来了3次，并发出"早知有盘山，何必下江南"的慨叹。以帝王登临次数之多来算，全国名山中恐怕无出盘山之右者。

乾隆每到盘山，都会诗兴大发，挥毫咏怀，自云"盘山与我向无语，每到盘山必有诗。"现已知乾隆的盘山诗，总数达1700多首。

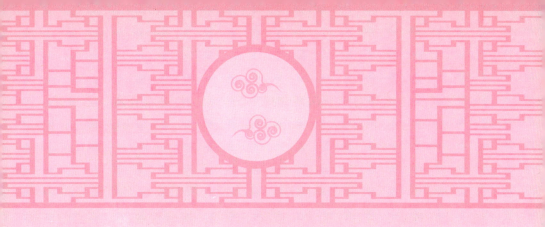

雄奇秀美——河北苍岩山

苍岩山位于河北省石家庄市西南方向，地处井陉县境内，为我国历史文化名山。

苍岩山景观丰富多彩。群峰巍峨，怪石嶙峋，深涧幽谷，古树名木，清泉碧湖，构成了奇特、幽静、秀丽的自然景观。

千年古刹福庆寺以悠久的历史和卓越的建筑艺术构成奇异壮观的

人文之美，使之享有"五岳奇秀揽一山，太行群峰唯苍岩"之美誉。

福庆寺建于1400年前的隋朝初期。据碑文记载，隋炀帝女儿南阳公主曾在此出家为尼，度过了62个春秋。山上主要建筑有书院、万仙堂、桥楼殿、大佛殿、藏经楼、公主祠、碑亭等。所有建筑依山就势，小巧玲珑，或建于断岩，或跨于险壁，构造宏丽，云蒸霞蔚，颇为壮观。

构成苍岩山景区的核心是"苍岩三绝"：

一绝"桥楼殿"。桥凌驾于百仞峭壁之间，仰视蓝天一线，俯首万丈深渊。形制如同赵州桥敞肩拱式。桥上建楼，云飞楼动，楼内建殿，殿内三尊大佛。真是"千丈虹桥望入微，天光云影共楼飞"，不是仙境胜似仙境，疑是天堂落尘埃。现为我国三大悬空寺之一。

二绝"白檀树"。檀林如海，行人几不盈尺；流水潺潺，亭榭掩映其间，别致独到，叹为神工。檀树树根裸露，盘抱巨石，没皮没心，奇姿异态，有的形似鸳鸯、有的形似盘龙、有的形似卧虎。

　　许多树龄均在百年以上，最古老的有千年的树龄，为檀树之王。其树干中空能容纳一人在树内休息，令人叹为观止。

　　大大小小的檀树布满苍岩山涧，远看檀林如海，遮天蔽日，实为避暑的绝好去处。

　　三绝"古柏朝圣"。上万棵千年生的崖柏、沙柏、香柏生长于悬崖峭壁之上，千姿百态，无论矗立、侧出、倒悬，不分南北东西，都朝着南阳公主祠的方向生长。

　　苍岩山有著名的十六景，为岩关锁翠、风泉漱玉、书院午荫、碧涧灵檀、悬登梯云、桥殿飞虹、峭壁嵌珠、绝献回栏、空谷鸟鸣、悬崖奇柏、说法危台、虚阁藏幽、尚书古碣、阴崖石乳、窍开别天、炉峰夕照景景入胜，步步宜人。

　　井陉名在关险，秀在苍岩。苍岩之秀在于山奇、石怪、林异、境幽，岩关锁翠更有桥楼夺造化之功，古刹增山林之色。

　　山前，流水涤魂；谷中，檀香沁肺；听清韵流自好鸟，看万景临之诸壑；履悬蹬可入云表，壮同剑阁；跨飞虹而践天堑，绝并龙门。云雾缭绕，发幽情于神话；重峦无际，寄遐思于河山。

　　忽临碧虚，幸有危栏；一凌绝顶，竟至桃源。情景如此跌宕，名山可谓不虚；气势磅礴雄峻，风光实甲太行。脍炙人口的"苍岩十六景"，将这古老的寺院山林，化作一幅幅画图展现出来。

　　"风泉漱玉"是苍岩山的十六景之一。福庆寺山门牌楼，临水而建，有石磴伸向水中。即便在干旱的季节，这里清泉依然不涸。山下人家，汲清泉而饮，水味甘洌。

　　曾有白鹤成群，栖息溪边。溪水穿石，淙淙泠泠，如鸣佩环，石蟹成群，游鳞可数。

　　灵檀是苍岩的一绝，这里的古柏不同凡响。无论在两峰断崖的绝顶，还是在两谷崖顶的危缘，都有生长千年的古柏。远望团团簇簇，欲坠不堕。

　　更奇者，它们植根于万丈崖畔的石罅内，伸出千姿万态的枝干，供人鉴赏；最险绝处，像虬龙狂舞；最开阔处，如碧绿的礼花，晴空怒放；最陡峭处，又似青凤展翅欲翔。

　　昔人称它们是"山腰绮柏"，可谓苍岩山一绝。它们不仅心空皮脱，而且树形因地而异。更有的如巨蟒钻缝抱石，势欲拔山；有的瘿瘤密聚，相貌狰狞；有的如群龙翻腾纠葛，争欲破壁而去。真是无奇不有，世所罕见。

　　步过檀林至西南绝谷深处，南岭与西峰间的峭壁愈往西，崖距愈窄。危崖千寻，极目仰视，只见桥殿飞架崖间南北，金碧横空真可谓天下奇观。

　　移目桥下，耸立的石磴直通桥殿之后，高悬300余级。拾级而上，涧风吹来，透胆生寒，一登森然一动魄，此时真如上青天！若遇云低雾重，崖间风吹云涌，攀登者可直入云端。人们称此石磴为"云

梯""天梯"，并名此景为"悬蹬梯云"。

登上云梯顶端，有灵宫殿当面而立。其后，两崖嵌一略呈圆形的巨大黑石，悬于殿顶上方。每逢山洪成瀑，飞流直下，一临此石即踪迹不见。灵宫殿建于此石之前，正当洪口，竟安然无虞。这一奇怪现象，极似黑石有特异功能，因而昔人视之为山灵，称它是"避水珠"。其实，填塞崖涧修筑天梯时，巧匠有意留下一条暗道，以便泄洪。黑石正好嵌于两崖最窄处，同灵宫殿一起遮住了暗道。

在西峰间的断崖上，禅房、危台、祠宇、浮屠等耸于空际，由凿壁修成的栈道，曲折通达。攀援其间，上接太虚，下临无地，如履剑阁之险。

峰回路转，直达崖端。远眺，群峦叠嶂，似万顷波澜；近瞰，百鹤泉峡尽收眼底。过去时而有人失足跌下，因此，曾名此处为"摔顶"。现在，栈道边缘已修有短墙，景称"绝巘回栏"。

沿绝巘回栏东行，至"峰回路转"而北，转角处，一古碑迎面矗

立。此碑龟趺龙帽，通高3.5米，勒刻于1527年。碑额"苍岩重修福庆寺记"，为明代贵州布政司右参政赵维藩篆。碑文撰写与书丹均出自明代吏部尚书乔宇一人之手。

碑文在记载福庆寺重修妙阳公主真容殿的同时，记叙了1525年作者同都察院右副都御史刘麟同游苍岩所见的寺景，全文仅600余字，信手而成，语句质朴凝炼；行书刚劲苍秀，结体独特。

碑文的书撰者乔宇因曾官居吏部，故此碑被称作"尚书古碣"，"尚书古碣"是苍岩山中的名碑。

千佛古洞位于苍岩山景区内，距福庆寺10千米处。洞内沿自然壁面分排雕刻千尊佛像，大都为坐佛。该窟始创年代为北齐，其造像内容丰富、艺术考究。

作为苍岩山的开山祖师，南阳公主无疑是位修行、持戒、忍辱、坚韧、精进、安禅、睿智所熏修的伟大女性，她把寺院取名为"兴善寺"，意在救苦救难，普渡众生。

后来，修成正果之后，当地百姓感念其恩德，为她建庙修塔，塑化金身，尊奉她为"苍山圣母"。苍岩山的雄奇之中不乏秀美，壮丽之中更见幽深，似乎也正是她的柔弱之中更蕴涵坚强的生动体现。天

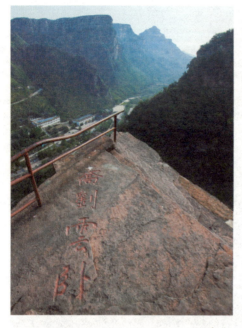

人合一，物我感应，和谐共存，相辅相成，本是人间之大道至理，也是人生与艺术的大境界。

到了大宋时期，有位曾于五台山华严寺出家名叫诠悦的高僧，仰慕苍岩山。他见寺居半山，嵯峨耸茂，虽松罗掩映，涧水潺潺，但墙颓屋漏，瓦砾壁地。于是，他继承南阳公主遗志，凿石屋以栖居，砍荆棘而通路，并彩绘檐楹，雕镂佛像，终于使山寺焕然一新。

诠悦是苍岩山的第二个开山祖师。他几经辗转上书朝廷，宋真宗钦赐名额，改兴善寺为福庆寺，名声益盛。至清代，光绪皇帝曾敕封南阳公主为"慈佑菩萨"。

福庆寺原名"兴善寺"，相传为观音菩萨古老道场。1014年，宋真宗赐"福庆寺"；清光绪时封公主为慈佑菩萨，两度皇封，香火益盛。福庆寺气势雄伟，金碧辉煌。大雄宝殿旁玉玺墩配造型古朴，神态稚拙，为我国稀有珍贵文物。

殿内释迦牟尼像、普贤、文殊菩萨像，两侧十八罗汉皆为汉白玉雕成，形象逼真，气韵生动。整座寺庙借山势幽险，成殿宇奇绝，空灵毓秀，静中寓动，天工人力浑然一体。

其中，最著名的便是桥楼殿，是我国三大悬空寺之一。据考证，石桥为隋代建筑，略早于赵州安济桥。它坐西向东，横跨于两山峭壁之间，形成"桥殿飞虹"的天下奇观，为苍岩山三绝之一。

福庆寺的古代建筑，即同以南北中轴线为主体的传统封闭院落式有别，也不同于悬空寺一类半倚半悬的山间寺庙。它独特的风格，可概括为崖间就势，涧上飞构。即借山势的幽峭，以成殿宇的秘奇；天工、人力浑然一体，静中寓动，使佛门的法力和威严，以形象的"仙界"展示于人间。

井陉拉花是苍岩文化中的一枝奇葩，形成和流传于河北省石家庄市井陉县境内，是我国优秀的民间舞蹈艺术。起源于宋元，盛行于明清时期。

其舞蹈动作主要有拧肩、扭臂、翻腕、吸腿、撇脚等，这些舞蹈语汇形成了刚柔并济、粗犷含蓄的独特艺术风格。

井陉拉花的音乐为独立乐种，由民歌、民间曲牌、戏曲音乐、寺庙音乐和宫廷音乐组成，乐曲共有30余首。其古朴典雅、刚健深沉，韵味刚而不野、柔而不靡、悲而不泣，突出特点是节奏鲜明。

苍岩山庙会历史悠久，距今已有1300多年历史，为每年农历三月和十月六举行。三月庙会尤为盛大，每逢此节香客云集，热闹非凡。苍岩山庙会源于对苍岩圣母的崇拜。

隋炀帝之女南阳公主在苍岩山出家后，利用在宫中学到的医术在当地治病救难。她恩泽四方，留下许多动人故事，她涅槃后被尊为苍岩圣母。

现在庙会已发展成为一种民间艺术表演，人们自发组织各种极具井陉当地特色的民俗活动：拉花、皇杠、耍狮舞龙等前来助兴。

知识点滴

峰峦最多的山——辽宁千山

　　千山位于辽宁省鞍山市东南，素有"东北明珠"之称，为国家重点风景名胜区。

　　它南临渤海，北接长白，群峰拔地，万笏朝天，以峰秀、石峭、谷幽、庙古、佛高、松奇、花盛而著称，具有景点密集、步移景异、

玲珑剔透的特色。

千山为长白山支脉，山峰总数近千，故名"千山"，又名"积翠山""千华山""千顶山""千朵莲花山"，千山"无峰不奇，无石不峭，无庙不古，无处不幽"。

千山，以奇峰、岩松、古庙、梨花组成四大景观。按自然地形划分为北部、中部、南部、西部4个景区。分布在几条沟谷内。

这里景色秀丽，四季各异，是集寺庙、园林于一山的风景旅游胜地。盛夏时节，气候极为凉爽，空气特别清新，是避暑乘凉的好去处。

千山，一年四季景色各异：春天梨花遍谷、山花满壑；夏天重峦叠翠、郁郁葱葱；秋天漫山红叶、落霞飞虹；冬天银装素裹、雪浪连绵。美景佳境终年纷呈，吸引人们流连忘返。

5月的千山，到处是盛开的梨花，嫩绿丛中，花香袭来沁人心脾。6月初夏的千山，松涛阵阵，树影婆娑，似在上演着绿色的圆舞曲，给人以和谐、优美的感觉。

金秋10月，蓝天白云下，漫山遍野处处金黄，触目皆是染霜红叶，12月的千山到处是银装素裹。风雪中，松柏更加挺拔，山势尤为峻奇。

千山，是自然景观与人文景观的完美统一，而宗教文化是千山人文景观的主体。"临山已谛金钟响，入庙先闻玉炉香。"千山有寺、观、宫、庙、庵等多处，宛如一颗颗闪光的宝石，镶嵌在奇峰秀谷之中，使古老的千山更加迷人。

这些古老而宏伟的寺庙，有的高耸于险峰之上；有的依偎于群山环抱之中；有的坐落在向阳坡上；有的隐蔽在古松怪石之阴，与自然景物彼此烘托，融为一体，构成一幅优美、雅致、幽静的动人画面。

除庙宇外，还有无数洞、塔、亭、碑也是千山人文景观的重要组成部分。

千山主峰仙人台，又名"观音峰"，以丁令威成仙化鹤归来的传

说而得名，位于南部游览区诸山脉之巅，大安、中会、香岩诸寺和五龙宫诸庙宇拱卫之中。为千山风景区最高峰。

登山远望，诸峰千姿百态，无限风光尽收眼底；古松参天迎风泻涛，怪石嶙峋星罗棋布，古洞宝塔云烟缭绕，湖光山色相映成趣。

仙人台峰奇、地险，峰头似蛇背，峰头西端，撅起一巨大石柱，呈四棱形，由东稍北倾斜，状如鹅头，故俗称"鹅头峰"。西南北三面均为峭壁深渊，唯东一面可行。

明朝初年，在峰顶大兴土木，将半球峰顶变成一平台，修建成仙人台。上面基石上刻有棋盘，周围安放八仙和南极寿星的石雕坐像，布陈为庆寿，弈棋行图。鹅头下峭壁上，有一佛龛，内浮雕一尊半身观音菩萨像。佛龛之上横刻"仙人台"3个篆字，系清光绪举人徐景涛所题。

鹅头峰原名华表柱。在众多的奇峰中，最为奇特的是千山大佛。千山弥勒大佛位于千山风景区北部，是自然造化的全国特大石佛之一。

佛像依山而坐，貌似弥勒，形象逼真，神态可掬，栩栩如生，并且端坐于千朵莲花山之中，为千山增添了神秘的色彩。

大佛地处千山第二高峰五佛顶的东南方，整座大佛就是一座高耸的山峰。圆圆光亮的头部高如三层楼房，长满绿苔的浓眉之下长着一双炯炯有神的大眼睛，其五官摆放位置适宜，比例恰到好处。

大佛左手分开放在膝盖上，右手握拳，手臂压在右腿上，右臂上方还端坐着一尊南极寿星，从整体看去是向右倾坐的姿态。

大佛胸前还天然形成一只捻珠，其长短比例及位置非常神奇，迎着阳光还可以看到圆圆的珠环。大佛的右手背上有人工凿刻的大圆环，其凹凸部分迎着阳光，从远处看去自然形成一个明暗对比强烈的光环。有人说这个光环是个"八卦图"。

在大佛腹部中央有一个椭圆形的空洞，在其边缘还长着棵小松树，从远处看去宛如一丛长毛掩盖着大佛的"肚脐眼"。

在大佛的最底部还长着两只宽大的脚。在距大佛对面的峭壁上有一个人工凿刻的古拜佛台，其花岗岩台面已经风化，据地质专家鉴定，花岗岩风化到如此程度，起码要有上千年时间。

天上天景区位于千山风景名胜区北部，东起千山正门，西至五佛顶，为千山第二高岭，山峰奇峭，怪石嶙峋，悬崖绝壁，苍松翠柏，错落其中，以峰奇、石奇、松奇而著称，唐太宗李世民，清康熙、乾隆等帝王都曾游览此景区。

相传，唐王李世民，住过大安寺，到过无量观，还在"振衣冈"上抖过战袍；金代皇帝世宗完颜雍曾到千山灵岩寺探望其母贞懿太后；清代康熙、乾隆和嘉庆皇帝也都到或从辽阳古城望千山，并留下遗迹题词和诗文。

王尔烈陪同嘉庆皇帝在千山找的那块"木鱼石"，即曹雪芹写的《红楼梦》中那块有灵气石头。

天上天景区以自然景观为主，以奇峰、怪石、古庙、岩松而著称。千山著名道观无量观和五大禅林之一的祖越寺位于此景区。景区由正门至御览峰为上段，至玉霞关为中段，至五佛顶为下段，上看怪石，中看秀峰，下看奇松。

　　著名景点有天上天、七重天、九重天、天外天、一线天、一字天、夹扁石、无根石、木鱼石、鹦鹉石、可怜松、探海松、望天蛙等100余处。

　　千山百鸟园与千山第二高峰五佛顶毗邻，东南是天然弥勒大佛，西面是唐城古道关。四面环山、百鸟齐鸣，园内尽展群鸟风姿。百鸟园是千山风景名胜的一枝独秀，也是亚洲第一大的鸟语世界。

　　全园由外园和内园两部分组成。外园与西海广场连接形成整体，由10多米高的水坝、蓄水池、草坪和刻有园名的工艺雕塑组成；内园由人工湖、欧式建筑的服务设施和古典风格的桃花岛组成，天网式观赏鸟园形成一座"园中园"。

　　园内拥有鹤、鹭、鸵鸟、鸭子、小鸟、斑鸠、鸠鸽等多种鸟。此外，还有珍稀的巴哈马鸟，中美洲的"琉璃金刚"鹦鹉等等。这些大自然的使者与熊猫、东北虎一样备受人们的青睐。

　　仙鹤凌空展翅翱翔在青山白云之间的"丹顶鹤放飞"，随着几十只孔雀东南飞，鹦鹉拼字问候"大家好"。看似温顺的猛禽出其不意

的制服猎物又会让您大吃一惊。

千山历史久远，早在北魏时，千山就有了佛教徒的踪迹。辽金时代，佛教更加兴盛，著名的五大禅林、香岩寺、中会寺、龙泉寺等已形成了一定规模的古建筑群。

明清以来，道教进入鼎盛时期，有九宫、八观、十二茅庵。全景区有寺庙多座，僧道数百人。

千山第一峰仙人台在千山东南，峰上有八仙石像和石制棋盘。相传有仙人乘鹤飞来，在台上对弈，以次得名。无量观位于北沟，是千山众多庙宇中最大的一座，其建筑之精美居千山之首。

知识点滴

相传，在上古时代，辽东地区还是一片汪洋大海，海里有座富饶的岛，叫做积翠岛，岛上有座积翠山，山中居住着一位美丽善良的仙子积翠仙子。

一日东海龙王敖广的侄子敖来途经积翠岛，为岛上美丽的风景所吸引，于是就在海中定居了。这样一来，岛上的百姓就遭殃了，这激怒了庇佑一方的积翠仙子。

积翠仙子上天庭偷取了太阳月亮的金丝线，绣出千朵金莲花，将敖来挡在了岛外。后来人们为纪念这位善良勇敢的仙子，便把金莲花化作的山峰称作"千山"。

童话的世界——辽宁青山沟

　　青山沟位于辽宁省丹东市宽甸满族自治县境内北部山区。这里有浓绿的森林、清澈的江水、宁静的深潭，宛如"童话世界"。

　　碧绿的浑江宛若两条龙须盘绕奇峰异石，缓缓流入鸭绿江，山峦

间大小瀑布36条，新发现的"飞云瀑"落差居东北之首。八面威山顶的小天池，至今没人能说清她的奥秘。青山沟被新加坡称为"神仙住过的地方"。又有"西有九寨沟，东有青山沟"之赞誉。

青山沟风景区群山环抱、重峦叠嶂，地势自西向东倾斜，呈东低西高之势，森林覆盖率为80%，动植物资源十分丰富。

珍贵植物有人参、东北刺参、钻天柳、水曲柳、野大豆、核桃楸、黄檗等；名贵药材有人参、细辛、贯众、黄芪、贝母、天麻等；各种野生菌菇有松伞蘑、玉黄蘑、针蘑、青蘑、元蘑，以及人工种植的香菇、滑菇等食用菌。

动物资源有各种兽类、鸟类、两栖类、爬行类、鱼类等。山上有黑熊、獐、狍、狐、兔、水獭、鸳鸯、灰鹭及各种山雀。水中还有珍奇稀有的龙爪龟、娃娃鱼等两栖动物。

青山沟景区共由8部分构成，已开发出"虎塘沟""青山湖""飞瀑涧""中华满族风情园"四大景区。

虎塘沟景区树木苍老遒劲，林荫蔽日，深谷幽静。这里有"黑熊望月、九曲天水、老虎背、仙女瀑、响溪"等景点，被末代皇帝溥仪之弟溥杰称之为"虎塘幽境"。

虎塘沟的水是美的，走在山间石径上，能够感受到"明月松间照，清泉石上流"的情韵。只有流在这样排列着地垄沟样的石头上，"响溪"才会有如此空灵的声韵。

溪水冲洗着凹凸不平的石面，溅起的水花，在阳光的照耀下像一颗颗晶莹夺目的珍珠。

"黑熊望月"石是一块高50余米的巨石，无论从哪个角度观察，都极似一头栩栩如生的大黑熊引颈曲身，痴痴迷迷，憨态可掬。

相传，月宫里的嫦娥因发现黑熊在打她的主意，一气之下，就把黑熊点化成石了。

"九曲天水"瀑的泉水飘飘洒洒，几经曲折而下，十分壮观。"九曲天水"是虎塘沟的灵魂，这是一个容易让人激动的地方。

"仙女瀑"似一股飞流从天而落。这里的峭壁直上直下，不但陡峻，而且整个山体由一块石头构成，中间没有断层。河水从悬崖峭壁上跌落，又被石壁撞击，如天女散花，阳光照耀的时刻，不时有条条彩虹自此横跨天际，真是瀑上有瀑，令人神往。

青山湖景区水域辽阔，长达百里，临水即观山景，登山可望水秀。这里有青山湖、盛夏冰凌、白云峰等景点。清晨，湖面云影绰约，波平如镜；黄昏，晚

霞染红湖水，偶有渔歌晚唱，一派江南景色。

"盛夏冰凌"景点说的是即便是三伏盛夏，这里也是寒气逼人，也能看到鹅蛋大小的冰块生于石缝之中。每当晨曦初露，由"盛夏冰凌"处喷出一条白雾带横贯湖面，直奔大峡谷，久久不散，被人们称为"白龙过江"，这两种现象堪称举世奇观。

"白云峰"壁立千仞，云雾缭绕，相传八仙曾从蓬莱山驾云至此，饮酒放歌。

白云峰上有一个美丽的传说：相传，很久以前，有一位山民常年在此放木排南下，换钱养家，一日，山民被江涛吞没，他的妻子不见丈夫归来，便迎风站在巨大的天然坪台上望夫归来，时间长了便跌入江中，于是人们便把这座迎江而立的高台称为"望夫台"。

飞瀑涧景区有闻名遐迩的辽宁省第一大瀑布"青山瀑布"。"青山飞瀑"从32米高的断层峭壁上飞流直下，状如玉带银河，气势磅礴，动人心魄。"仙女潭""观瀑亭"将会使您流连忘返。

"青山飞瀑"是经过地壳运动使岩体发生移位变化，又经长期的河流冲刷而形成的。由于这里的侵蚀切割地形十分显著，因而深沟峡谷、悬崖峭壁较多。

河水从断层峭壁上直下而落，转眼间则可见"风挟飞流腾细雨，浪冲乱石辟深渊"的神奇景观。

"仙女潭"在青山飞瀑的下游，置身其间，如入仙境，一束清流，从潭中溢出，穿行于黑褐色巨石之间。

潭水清洌碧透，溪流中巨石罗列，有的直立高如房屋，有的俯卧坦荡如砥，有的被溪水冲磨得浑圆光滑，犹如一铺石炕。一块巨石挡住溪流，使溪水由急而缓，因此便被人们封了"镇水石"的大号。

知识点滴

满族风情满家寨婚俗表演，从正日子的"亲迎"开始，到寨中满族民居"在旗人家"闹洞房结束。

将满族婚俗正日子这一天的程序逐一演示给游人，或由游人亲身体验满族婚礼的喜庆过程。仪式从满家寨的寨门开始，新娘上轿，蒙盖头，由仪仗、吹打、傧相、亲友等陪同，新郎则骑上马，走进寨子，一路上过几道寨门、寨中广场、满清园、水安河廊桥，直至寨中的满族民居。

然后便是"劝性""射三箭""拜北斗""抱宝盆""坐帐""开脸""揭盖头""合礼""过火盆""过马鞍子""入洞房"等。

中部风景区

　　在我国中部，地域辽阔，人口众多。地形以平原地带为主，这里属暖温带季风性气候，四季变化明显。地理和自然条件优越，承东启西，连南贯北。

　　中原是中华民族的发源地，是黄帝出生的地方。这里有六朝古都洛阳、世界闻名的河南嵩山少林寺。

　　最让人仰慕的有河洛文化的传播圣地永济五老峰，人文景观最浓厚的琅琊山等处，皆是名副其实的中华民族的文化圣地。

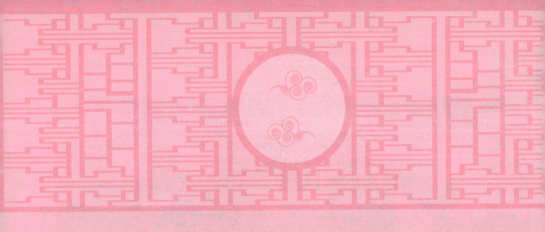

东华山——永济五老峰

　　五老峰原名五老山，位于山西省永济市东南的中条山脉，是河洛文化早期传播的圣地，也是我国北方道教全真派的发祥地之一。《七鉴道书》称之为"道家天下第五十二福地"。

　　五老峰是道教文化名山，它与晋北佛教圣地五台山南北对峙，齐

名天下，与西岳华山遥遥相对，历史上素有"东华山"之称誉。

　　五老峰由玉柱锋、太乙坪峰、棋盘山、东锦平峰、西锦平峰组合而成，五峰恰似5位元老一样彬彬有礼地列座厅堂，故名"五老峰"。

　　据历史记载，此峰

还称"五臣峰"，当时，唐朝曾有5位元老为了大唐江山而被隋军包围于玉柱峰西边，同时为保唐高祖李渊的安全，五位元老从玉柱峰西身舍崖下留得忠名，后唐明皇李隆基嘉封为"五老名"。

五老山，还是五老携《河图》《洛书》藏经授典的隐身之所，是研卦修行，传经布道的地方，是

易学文化创元时期的传播之地，河洛文化的摇篮之地。

五老峰还有许多民间传说逸闻，宋代杨业在此屯兵练武，兵围普救寺的孙飞虎在此安营扎寨，道教八仙中的张果老、吕洞宾等人物都有许多传奇的趣闻，更增添了五峰山的神秘色彩。

五老峰风景名胜区包括黄河滩岸，王官峪、龙头山、五老殿、云仙阁等景区。

历史上为北方道教名山，奇峰险峻，需攀岩而上，属丹霞地貌。山上岩洞幽深，庙宇甚多，双瀑飞流，昔为旅游胜地。

黄河滩岸有广袤的绿色林海，自然风光独具特色。淹没1000多年

的古蒲津桥畔的4尊大铁牛和4尊大铁人已于重现于世。铁人象征民族团结。

蒲津桥是我国古代最长的大桥，也是黄河上最早的大桥，724年，唐玄宗李隆基降旨，在今永济县境内将原有的竹索浮桥改为铁索链浮桥，并铸4尊大铁牛和4尊大铁人，分置于黄河两岸。

后因洪水泛滥，黄河改道，桥毁船腐，铁牛和铁人却抵挡了洪水冲击等灾难。不锈不腐，光洁完整。《虞乡县志》中记载王官峪有十大奇景：

天柱擎天、东瀑飞泻、石岩喷雪、奇石珠帘、百二盘旋、明镜映天、休休古亭、贻溪映绿、点石成金、恐龙化石。

登上西瀑巅顶可探幽深莫测、捕捉迷离的地下迷宫大世界黄沙溶岩洞群。景区内的奇峰怪石千姿百态：石佛坐岭、金龟望月、双人施礼、雄狮观瀑、石抱翠柏、人面石侣、关公刀痕等。

唐末著名诗人、诗论家司空图曾隐居于此，才使王官峪地以人传，名震河东。

　　《虞乡县志》中记载，谷傍有其先人别墅一座，依山傍水，泉石林亭，绿树合围，风景独秀。入谷有一石径小道，盘山而进，曲折回环，似有"曲径通幽"之感。

　　谷内有天柱峰、东西瀑布、贻溪清流、奇峰珠帘、明镜映天、百二盘山、休休亭、三诏堂等自然胜景和古建遗存。

　　五老峰风景秀丽宜人，生态环境优美，动植物种类繁多。奇特的喀斯特地质地貌造就了许多罕见奇观，具有雄、险、奇、秀、仙之特点。《水经注》称："奇峰霞举，孤标秀出，罩络群峰之表，翠柏荫峰，清泉灌顶。"山中有泉、洞、擎，盛时观庵庙宇，嶙峋翠巍，秀甲三晋。

　　五老峰的主峰玉柱峰，又名云峰、灵峰，它恰似一根立地的玉柱直插云霄，又如亭亭玉立的天宫玉女下凡，在全国的名山大川中，玉柱峰绝无仅有，称为天下奇峰。

其他四峰罗列四隅，这里层层峰峦，森森古木，各种生物覆盖着整个山野。花红草绿，山光水色，风光旖旎非凡，故有"北有五台观庙宇，南在五老看风光"之说。

主峰玉柱峰，石壁如削，形同玉柱，直插云霄，游人需攀链而上。其峰顶上有大片坦地，北高南低，因而有南天门、灵宫庙、菩萨殿、秀士殿、祖师庙等建筑遗址等人文景点。

以玉柱峰为中心，左有东锦屏峰，峰腰建药师洞；右有西锦屏峰，峰下有雷公洞；北为太乙峰，有五老殿、玉皇殿；南为棋盘峰。

还有五指峰、笔架峰等大小山峰，或做仙女弄姿，或像猿猴仰视，或如椽笔耸天，或若笔架横列，珠辉玉映，惟妙惟肖。

有寺庙观宫分布其间，其中仙人洞、雷公洞、水源洞、留有马蹄印的张果老洞等洞穴深造幽静，形状各异。泉水清纯甘甜，川流不息。有明眼泉、玛瑙泉、芙蓉泉等，又有神奇的一碗泉，只有一碗大小，却舀之不尽，涌而不溢。

这里的山奇水秀，无处不绿，还有松涛、云海、奇石、怪崖、松翠、流泉、飞瀑等景观，呈现出千姿百态的自然风光。

山上的古建筑遗址中，有南北朝的石雕佛像，有唐代的细绳纹砖，有宋代的方形花砖，有明

代的彩塑人像，以及
大量的碑碣石刻，是
佛道之士修炼、禅
坐、栖居之地。

鹳雀楼是我国古
代四大名楼之一。其
故址位于永济市蒲州
古城西郊的黄河岸
畔，因时有鹳雀栖其
上而得名。

鹳雀楼始建于北周，废毁于元初。由北周大将军宇文护镇河外之
地，筑为层楼。由于楼体壮观，气势宏伟，风景秀丽，唐人留诗者甚
多。其中最著名的要属唐代诗人王之涣登楼赏景留下的千古绝唱：

白日依山尽，黄河入海流。
欲穷千里目，更上一层楼。

鹳雀楼四周以古典园林式分布，形成"四区十二点"的空间结
构。鹳雀楼内部陈设内容以黄河文化和河东文化为主题，时代跨越中
华上下五千年，采用各种形式说明黄河式人类文明最早的发祥地。

普救寺坐落在永济市城西，始建于唐代武则天时期。原名"西永
清院"，是一座佛教十方院。后因我国古典戏剧《西厢记》而闻名
遐迩。

寺内有座方形砖塔，原名"舍利塔"，俗称"莺莺塔"。创建于

隋唐，明嘉靖年间毁于地震。

7年后，明世宗诏令重建寺院，重建寺塔。后寺院又不幸遭到一场大火。新中国成立后，政府拨专款修复普救寺。

由于人们对莺莺的爱情悲剧的同情，便顾不得佛门的规矩，口碑相传把它改称"莺莺塔"。

莺莺塔在原基础上重修13层，时人有诗赞道：

缤纷五彩似飞虹，八面凌空八面风。

一十三层冲霄汉，琉璃宝塔冠寰中。

莺莺塔为世界奇塔之一，它和北京天坛回音壁、四川石琴、河南蛤蟆塔同属四大回音建筑，以莺莺塔声学效应最为显著，其回声时常使人辨不清声音来自哪里。

知识点滴

书生张生在普救寺里偶遇已故崔相国之女莺莺，对她一见倾心，苦于无法接近。此时恰有孙飞虎听说莺莺美貌，率兵围住普救寺，要强娶莺莺为妻。

崔老夫人情急之下听从莺莺主意，允诺如有人能够退兵，便将莺莺嫁他。

张生修书请故人白马将军杜确率兵前来解围，但事后崔老夫人绝口不提婚事，张生失望之极，便让莺莺的丫环红娘从中帮忙，传递消息，两人才私定终身。后来，虽经历许多曲折，但有情人终成眷属。

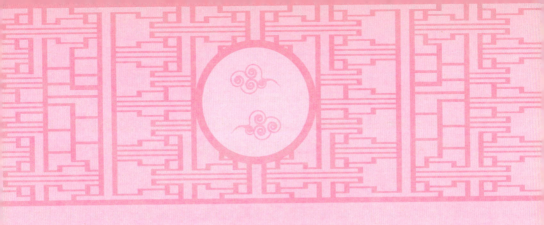

传奇之地——河南尧山

　　传说在很久以前，女娲炼五色石以补苍天，剩下一块五彩顽石，又黑又秀丽，年深日久，修炼成石人大仙。

　　天宫中为王母娘娘耕地的白牛给月宫中的嫦娥效劳，得罪了王母娘娘，王母娘娘以白牛违反天规为名，把白牛打入了凡间东海，嫦娥

请来白牛的师弟蟾蜍，吸干海水，救出白牛。

不料白牛却大反天宫，玉皇大帝派他的亲外甥二郎神带领天兵天将征伐白牛，王母娘娘亲自督战，战场就在八百里豫西山区，主战场在尧山。

石人来援白牛，一步来迟，鸡鸣天曙，战场化作八百里伏牛山脉，尧山的诸峰奇石也都与此传说结下姻缘。

河南尧山在历史文献和地理文献中不绝于书，见于史册的远有《山海经》《水经注》的记载，张衡《南都赋》的吟咏，近有《辞海》的阐释和《中国历史地图集》的标注。如《水经注》写道：

尧之末孙刘累，以龙食帝孔甲，孔甲又求之，不得。累惧而迁于鲁县，立尧祠于西山，谓之尧山。

尧山风景名胜区位于河南省平顶山市鲁山县西，地处伏牛山东段。尧山是尧的裔孙刘累立尧祠纪念先祖的地方，为天下刘姓发源

地，又因山上众多石峰酷似人形，后史称之为石人垛、尧山。

汉代班固的地理名著《汉书·地理志》中记载："鲁阳尧山，滍水所出。"汉代鲁阳县，即今鲁山县，滍水即今沙河。东汉许慎的《说文解字》解释"滍"字时说的"滍水出南阳鲁阳尧山东北，入汝。从水，蚩声。"历史上鲁山县长期属南阳郡，所以说"南阳鲁阳"。

北魏郦道元的《水经注》中记载："滍水出南阳鲁阳尧山东北。"北宋的《元丰九域志》中记载："汝州鲁山县有尧山、滍水。"自唐以来，鲁山县属汝州，所以说"汝州鲁山县"。

《金史·地理志》中记载："汝州鲁山县有尧山。"直至清代的《水道提纲》中仍称："沙河即古滍水，俗曰沙水。源出鲁山县西境之尧山。"

战国时，伟大思想家、社会活动家墨翟降世于尧山山脚下，现有墨子故里遗址。传说，墨子的出生地是尧山镇的竹园村，归隐地在熊背乡的土掉沟，因归隐时改姓为"黑"，人们称其隐居地叫"黑

隐寺"。

尧山有着非常丰富的文化艺术，并且还有墨子传授人们技艺、教练徒弟的故事、歌谣和传说等遗迹。

尧山主峰玉皇顶山峰奇特，瀑布众多，森林茂密，温泉优良，人文景观辉煌，集雄、险、秀、奇、幽于一体，分为冬凌潭、石扉玉章、三岔口、白龙潭、半仙居、石人、鸡冠石、白牛城、秘洞、温泉等几大部分。

尧山具有华山之险、峨眉之峻、张家界之美、黄山之秀。大山壁立，异峰如塑，怪石纷呈，是尧山自然风光的一大特色。

站立主峰玉皇顶上，千岩万壑，飞龙走凤，远近高低，景色迥异，构成了一幅幅美不尽收的图画。

尧山的奇峰怪石、山花、红叶、飞瀑、温泉、湖面、云海、原始森林、珍禽异兽及人文景观构成了完整的风景体系。

现已命名的景观有200多处，石人、将军峰、千丈岩、和合峰、白牛城口、王母轿、通天河、九曲瀑布、鬼门关、南天门、报晓峰、猴子拜观音等景点遍布景区。

尧山地处亚热带与暖温带分界线上，动植物资源十分丰富。尧山四季风光别致，春天鸟语花香，绿映溪吟，春风荡漾，团团簇簇的杜鹃花点缀于绿叶林莽之中，把山色装扮得更加俏丽。

初夏时节使人领略人间四月芳菲尽，山寺桃花始盛开的清新景象。盛夏，当平原大地上赤日炎炎似火烧的时候，这里却气候温和，凉爽宜人。整个尧山几乎全部被绿林浓荫所覆盖，时而碧天晴空，瞬间云遮雾障，时而荡入云海，时而托入蓝天。

秋高气爽，枫叶漫山遍野，满山红遍，层林尽染。核桃、猕猴桃、柿子、山梨、山葡萄等山果串串累累，信手可取。

冬雪降临，尧山银装素裹，林海雪原。48尊将军石，身披皑皑征袍；苍松翠竹，根根冰柱悬挂。尧山真可谓四季皆佳景。

尧山仅种子植物就有上千种，还有根生植物、蕨类植物等，其中有多种已列入国家和省级保护。景区中现有大片原始森林和稀世古杜鹃林，千年古木。

尧山丰富的植物资源，为众多的珍禽异兽提供了良好的栖息环境，该区有陆栖脊椎

动物，还有大量水生动物及非脊椎动物。随处可见松鼠穿梭，鸟雀啁啾，猴子攀树，锦鸡起舞，金钱豹、艾叶豹、金雕、大鲵、麋鹿、羚羊、水獭、獐子等珍贵动物如同置身天然动物园。

尧山拥有奇异众多的溪流、瀑布。黑龙潭、白龙潭、东龙潭，潭潭之上倾泻，瀑瀑之下，清水奔涌，有的如龙腾虎跃，声震峡谷；有的如思君淑女，水帘挂壁；还有的天地一线，齐秀无比。

大雨过后的白龙潭瀑布，数不尽的涓涓细流，汇成一道从天而降的银色巨流，轰然而坠，巨大的冲撞力，激起无数细小水珠，动天撼地，如风雷之势。

尧山的山泉，活泼俏皮，似呵似闹，如泣如诉，善于变化，富有生机。数百山泉汇成清澈的溪流，像山魂的精灵，淙淙潺潺，叮叮咚咚，一边与行人对歌，一边充当向导。

溪流从深山幽谷中腾跳而出，遇到悬崖绝壁，形成大大小小的瀑布，轻盈飞泻者有之，磅礴潇洒者有之，丈二八尺者有之，高悬数十丈者也有之。

滴水穿石，积水成潭。黑龙潭、白龙潭、百尺潭，藏身于陡涧，隐形于山林。在众多瀑布中，以白龙潭瀑布最为壮观。水从山顶直泻而下，奔腾飞流如白龙降临，激越水声似虎吼雷鸣，声传数里之外。

在尧山脚下，沿沙河谷地一线，有上汤、中汤、下汤等3处天然温泉群。温泉水温高，含有多种微量元素，具有很高的医疗价值。

在石人沟口至凤凰台南侧，有一石凤索道，一字拉开，循环转动，好似两串灯笼，在绿色的山谷中，缓缓上下飘动，动中有静，静中有动，给景区平添一道风景线。

大将军峰处，可沿将军谷拾级而上，经红枫谷至银线瀑，乘索道达南观景台或鸭嘴峰。赏红叶，观猴子拜观音；过飞云三谷，直达玉皇顶，一览众山小。此外，尧山风景区内还分布着原始古朴的百瀑峡民俗风情谷、千年古刹文殊寺、鲜为人知的秘洞山庄，以及亚洲最大的航空博览中心等景点。

传说，天上的神牛偷饮了玉皇大帝的玉液，潜逃到此地，玉皇大帝派天神下凡捉拿，王母娘娘感念神牛一生耕耘，不辞劳苦，便乘宝轿，率领瑶池神蛙、神龟前来搭救。

不料金鸡一声啼晓，惊得王母娘娘弃轿腾云而去，所有的天神将军、白牛、神龟以及宝轿都立地定格，幻化成岩石，永远留在了这里。

知识点滴

樟树之乡——江西武功山

　　武功山风景名胜区位于江西省吉安市安福县和萍乡市境内，属罗霄山脉北段，主峰白鹤峰。武功山在历史上曾与衡山、庐山并称江南三大名山，被冠以"衡首庐尾武功中"。

　　武功山山体主要由片麻岩、花岗岩和石灰岩等组成，地势峻峭挺拔，一般海拔都在千米以上，不少山峰高达1.5千米以上。山丘之中有赣江流域的袁水、禾水，湘江流域的萍水贯穿其间，

使河流两侧发育着宽窄不一的多级河谷阶地，形成的袁水、萍水河谷也是湘赣间重要的天然通道。

发育于寒武纪石炭纪三叠纪等各时代石灰岩的厚薄不一，岩性差异、裂隙发育不同，故地表岩溶除表现出波状起伏的丘陵，锯状垄断的山峰外，还有孤峰、残山、溶斗、溶沟、洼地等发育。

武功山地下形成了形状奇特、大小不一的暗河和溶洞。此外，由于冰川活动的结果，形成了千姿百态的冰蚀和冰积地貌，如围椅状的冰斗、冰川谷，高挂的悬谷，刀刃状的山脊，金字塔形的角峰，孤形状的终碛垄和波状的冰碛丘陵等等。

武功山奇峰罗列，瑰崎壮丽；怪石林立，形态诡异；处处深壑幽谷，美妙绝伦；峰峰悬崖峭壁，涌泉飞瀑。其风景名胜遍及全山，有一湖、二泉、五瀑、七潭、七岩、八峰、十六洞、七十五里景之称。

景区内连绵10万亩的高山草甸，红岩峰瀑布群，金顶古祭坛群，

堪称江南三大绝景，令人神往。

主峰白鹤峰为江西第一高峰。武功山是集人文景观和自然景观为一体的山岳型风景名胜区，是江南名山最后一座正在开发的处女山，历史上曾声名远播，文化积淀深厚，在崇尚自然，渴求反璞的今天，她又以其自然景观之神奇和原始生态环境之完好而独具魅力。

武功山可以概括为：山景雄秀、瀑布独特、草甸奇观、生态优良、天象称奇、人文荟萃。

整个风景区分为金顶观光休闲区、羊狮幕观光游览区、九龙山宗教文化区、发云界游憩娱乐区、大王庙原始生态区等几个核心景区。

山上自然形成了"峰、洞、瀑、石、云、松、寺"齐备的山色风光，景区内的高山草甸绵延于高山之巅，并与巍峨山势遥相呼应，堪称"天下无双"。

气势恢宏的高山瀑布群、云海日出、穿云石笋和奇特的怪石古松、峰林地貌，以及保存完好的原始森林、巨型活体灵芝，这些景观无不令人叹为观止。

武功山气候温和，四季分明，雨量充沛，黄山气温，是良好的避暑胜地。山区云雾较多，雾日超过庐山，为观赏云海的理想之地；海拔虽然高于庐山、黄山，但风速却小，拥有国家的"天然植物园"，高山垂直型自然植被景观为江西省境内罕见，高山草甸，奇花异草，景观交相辉映。

武功山也是天然的动植物园。多少珍禽异兽，奇花宝树生长在这里。如黄腹角雉、华南虎、短尾猴、水鹿、白鹇、娃娃鱼等就属于国家级重点保护动物。

珍稀植物有黄杉松、台湾松、云锦杜鹃、猴头杜鹃、粗榧、水桠木、独花兰等。

被誉为"植物三元老"的银杏树连片成林，最大的一株高达20多米，年逾千载，相传乾隆帝曾名曰"山中树王"。武功山的松品种繁多，古老苍劲，浓绿幽美，盘根错节，形态奇特。

巨型活体灵芝位于大王庙景区：有大小两棵依附在一棵古树上，大的如伞，小的如草帽，已经生长了100多年，是世界上最大的，保存最完好的活体灵芝。

武功山嵊源温泉位于江西省吉安市被誉为我国古县城之一的安福县，也是著名的我国樟树之乡、我国红心杉之乡、火腿之乡。自然风光以瀑布群、金顶古祭坛群为三大绝景。

武功山历史悠久，文化源远流长，远自汉晋起，被道佛两家择为修身养性之洞天福地，明朝时香火达到鼎盛时期，山南山北建了庵、堂、寺、观多处，无数善男信女到此朝拜。

唐宋以来，诸多仰慕其名而登山游赏吟诗作赋的名人学士络绎不绝，其中最为出名的数汉之葛玄、晋之葛洪、梁之陶弘景、唐之袁皓、宋之黄庭坚、明之徐霞客。

宋明时香火到鼎盛时期，山南山北建有庵、堂、寺、观达多处，至今前来朝拜的善男信女和登山游赏吟诗作赋的名人学士络绎不绝，留下了无数珍贵墨迹。

据考证，武功山留下赞美武功山的千古诗赋、匾牌、文章百余篇，其中最有名是徐霞客的一首：

千峰嵯峨碧玉簪，

五岭堪比武功山。

观日景如金在冶，

游入履步彩云间。

武功山的奇主要突出在奇峰、奇石、奇木和奇水4方面。

武功山峰顶神秘的古祭坛群距今已有1700多年的历史，被誉为华夏一绝。九龙山九龙十八塔，现存古塔，均系明代建筑。

知识点滴

相传，晋时山上住着武姓夫妇，以耕、猎为生，闲时习武，日子久了，夫妇俩人的武艺越练越精，名扬远近。

不少青年后生前来此山拜师学艺，武姓夫妇也很乐意传授，并认真地教习。后来上山学艺的人日益增多，夫妇两人商定：为满足学武人的迫切心愿，决定开基立派，他们便去了泰和境内的武冈山。

为了突出一个"武"字，弟子们将武冈山改名为"武功山"，久而久之，武功山就这样传开了。

皖东明珠——安徽琅琊山

　　琅琊山，古称摩陀岭，后因东晋开国皇帝琅琊王司马睿避难于此，改称"琅琊山"。景区内有十分丰富的动植物资源，古树名木遍布景区古建筑群周围。

　　琅琊山特有的琅琊榆、醉翁榆苍劲挺拔，琅琊溪淙淙流淌，让泉、濯缨泉等山泉散布林间，归云洞、雪鸿洞、桃源洞、重熙洞等洞洞神奇，九洞十八泉处处引人入胜。茂密的森林，清幽的景色使其具有"皖东明珠"的美誉。

　　琅琊山不仅以其山水之美而著称于世，更有古清流关、唐代琅琊寺、宋代醉翁亭、丰乐亭、唐代画圣吴道子刻绘的观音像、宋代书法大家苏轼敬书"一代宗师"，欧阳修的名篇《醉翁亭记》碑刻等丰富的人文景观。

　　唐寺、宋亭、南唐古关和幽深古道相映生辉，从而吸引了宋朝以后历代的文人墨客、达官显贵前来访古探幽，吟诗作赋，由此造就了琅琊山独有的名山、名林、名泉、名洞、名亭、名寺、名文、名人等"八名"胜境。

　　山林幽谷中重修和复建的南天门、琅琊墨苑、深秀湖和欧阳修纪

念馆等景点和庭廊两侧镶刻了苏轼、苏唐卿、祝允明、赵孟頫、文徵明、董其昌等历代名家书写的《醉翁亭记》碑刻，置身其中，令人叹为观止。"真、草、隶、篆"碑刻与山中原有的古道、古建筑相得益彰。

琅琊山位于滁州琅琊区与南谯区交界处，与滁州城山城一体。琅琊山蕴藏着丰富的动植物资源，特有的琅琊榆、醉翁榆为国内珍稀树种，并分布着我国北亚热带向暖温带过渡地带石灰岩地区保存最完整的天然次生林。

山中沟壑幽深，琅琊溪、玻璃沼、曲水流觞淙淙流淌；让泉、濯缨泉、紫薇泉等山泉散布山间；归云洞、雪鸿洞、重熙洞、桃源等洞洞神奇。

气候特征沿淮地带属北亚热带向暖温带过渡性气候，其余大部分地带属北亚热带湿润性气候。气候的基本特征是：四季分明、季风明显、光照充足、雨热同步、雨量适中、梅雨明显、冬寒夏热、春秋温和、春温多变、秋高气爽。同时，由于冷暖气团交汇频繁，常有低温、大风、暴雨、冰雹、干旱、霜冻等灾害性天气交替出现。

琅琊山风景区，包括琅琊山、城西湖、姑山湖、胡古、深秀湖等几大景区。主要山峰有摩陀岭、凤凰山、大丰山、小丰山、琅琊山等。景区以茂林、幽洞、碧湖、流泉、名亭、古寺为主要景观。

琅琊山景色淡雅俊秀，文化渊源久远。自唐宋以来李幼卿、韦应物、欧阳修、辛弃疾、王安石、梅尧臣、宋濂、文徵明、曾巩、薛时雨等历代无数文豪墨客，达官显贵为之开发山川、建寺造亭、赋诗题咏，留下大量卓越的文化遗产。

琅琊墨苑是进入风景区的第一个景点。该景点为苏州园林建筑风格，亭、堂、台、轩、廊、小桥、假山曲径相通，景色宜人。墨苑碑廊收集、整理了与琅琊山、醉翁亭文化有关的珍贵诗文，并征集了名

人书法墨宝200多篇，镶刻于此。

唐建琅琊寺为皖东著名佛寺，也是全国重点寺观之一，山林幽谷中重修和复建的南天门、野芳园、深秀湖、同乐园等景点和历代书法名家书写的《醉翁亭记》"真、草、隶、篆"碑刻与山中原有古道、古亭、古建筑相得益彰。

琅琊山特有的自然景观、人文景观相互交融，相映生辉。南天门上为纪念碧霞元君修建的古碧霞宫是著名的道教场所，琅琊山流传千百年的"琅琊山初九庙会"沿袭至今。

在醉翁亭上的玄帝宫旁立有两块乐谱碑刻。一首是北宋时期的古琴曲《醉翁操》；一首是笛子曲《琅琊神韵》，均是为琅琊山自然景观所作。对景生情，听曲赏景，真令人飘飘然！

风景秀丽的琅琊山，名胜古迹遍布，古刹、名亭、古关隘、古驿道、碣石、摩崖碑刻等大量不朽的文化遗产，无不印证了琅琊山渊源久远的文化历史。

琅琊山与城市紧紧相连，它临江近海，襟江带淮，势为南北之要

冲，东西之走廊；自古地处"吴头楚尾"，历代为交通要驿，有"金陵锁钥"之险，"九省通衢"之要。

繁荣的经济文化吸引了大江南北的文人雅士云集，僧尼道士传道诵经；儒、释、道文化在这里交相辉映，可谓"唐宋元明清，从古看到今。"

如此美景迷倒了无数文人墨客。历代留下了上千篇诗文吟诵琅琊山水风光。特别是宋代大文豪欧阳修写下了千古名作《醉翁亭记》，更有同时代的音乐家沈遵慕文而来，亦得山水之趣、欧阳公之意，创作了琴曲《醉翁操》，弹与欧阳公欣赏，醉翁乐然，填写曲词，当时就广为流传。

醉翁亭为四大名亭之首，始建于1064年，由唐宋八大家之一欧阳修命名并撰《醉翁亭记》一文而闻名遐迩。"滁之山水得欧公之文而愈光"。脍炙人口的佳句"醉翁之意不在酒，在乎山水之间也"更是家喻户晓。

景区内亭、台、轩风格各异，园中有园，景中有景，人称"醉翁

九景"；其中欧阳修手植梅为全国四大梅寿星之一，苏东坡手书《醉翁亭记》碑堪称稀世至宝；醉翁亭被誉为"天下第一亭"。

1095年，滁人为纪念知州王禹偁和欧阳修而建二贤堂。堂内有王禹偁和欧阳修塑像并陈列有《欧阳文忠公全集》、部分欧阳修手迹照片和相关史料，墙壁上挂有《朋党论》和《醉翁亭记》条屏。

冯公祠始建于明代，是滁人为纪念明代南太仆寺少卿冯若愚及其子冯元飙修建"宝宋斋"保护"欧文苏字"碑有功而建。后损毁，1949年后重建。

欧公祠原建筑位于醉翁亭景区醒园内，是由滁县知县陈文权建造。是当时人们纪念欧阳修的场所。

原建筑内有许多先人纪念欧公的文章、诗词，建筑规模为7间平房，四合院形布局，抗日战争时期，被日军毁坏。

为了使醉翁亭文化得以延续，也让游客更多地了解琅琊山及醉翁亭，后来欧公祠得以重建。

重建的欧公祠内建有醒心斋，斋内还保存着乾隆时期琅琊山的镇山之宝"欧阳修像"、北宋徽宗时期的吏部尚书孙觌撰写的对欧公有着高度评价的对联、北宋著名人物苏轼、苏辙、王安石等为欧公所撰写的祭文。

欧阳修纪念馆位于醉翁亭西，分东西两院，以亭廊相连，动静相宜；馆名由郭沫若先生亲笔题写，馆内塑有欧阳修塑像和全面介绍欧阳修生平的多幅壁画，充分展示了欧阳修的为人、为政、为学、为文。

琅琊寺原为唐朝滁州刺史李幼卿与山僧发琛所建，是著名的佛教圣地，其中吴道子画观自在菩萨像为稀世至宝，缅甸捐赠千尊玉佛为全国之最，寺庙终年香火缭绕，为全国重点保护寺庙。

大雄宝殿是琅琊山琅琊寺的主要建筑，始建于771年，正殿五间，殿前的"大雄宝殿"匾额为原中国佛教协会会长赵朴初所题。殿内塑有释迦牟尼、观音菩萨、十八罗汉等塑像。

南天门位于琅琊山东南制高点，有会峰阁、古碧霞宫等古建筑群。登天门可远眺长江如带、钟山似螺，瞰群峰汇聚，似潮奔涌；夏秋之际登山远望，群山连绵，空中弥漫着少量雾气，宛如仙境，令人心旷神怡。

知识点滴

在很久以前，东海龙宫里曾有一座宝山，这座宝山比珊瑚树更加气派，比珍珠塔更加精巧。东海龙王高兴的时候总要去观赏观赏，增添一下兴致；当他苦闷的时候也要到宝山前转悠转悠，以消愁解闷。

可这座神山却感到自己很孤单，一天，它趁东海龙王去南海观音那里吃酒，自己偷偷地跑出东海来到陆地，赏花看景。

东海龙王得知消息后，立即从观音老母那里讨了根定山针，想把宝山钉在陆地，不许它乱跑。于是，这座山就被钉在江淮之间的滁州，这就是琅琊山。

西部风景区

    在我国西部地区，地域辽阔，地理条件复杂多样，气候带垂直分布明显，动植物种类千变万化，民族文化和民俗风情绚丽多姿，富有魅力。

    这里有广袤而富饶的高原，蓝天白云之下，鸟语花香、牛羊成群；鬼斧神工的沙漠绿洲里，具有别样风情。

    主要景观有酉阳桃花源、白色的冰川世界贡嘎山等。真是天壤相接，风光无限，是我国西部综合自然风景区的典型代表。

别有仙境——酉阳桃花源

　　酉阳桃花源位于重庆市酉阳土家族苗族自治县。在酉阳县城外，有一石灰岩溶洞，洞前的桃花溪水自洞内流出，清澈见底，哗哗地流入泉孔河。

　　此地集桃源文化、巴人文化、民族文化、土司文化、桃源风光

于一体，完全展现出隐逸古朴的和平田园风光，是武陵酉州的一朵奇葩。

当溶洞内的水从溶洞顶滴到洞底时，随着水分和二氧化碳的挥发，则析出的碳酸钙就会积聚成钟乳石、石幔和石花等。洞顶的钟乳石与地面的石笋连接起来了，就形成了奇特的石柱。

明代无名氏在洞壁题刻绝句一首：

洞前流水渺漫漫，洞里桃花渐渐残。
曼倩不来渔父去，道人闲倚石阑干。

高大雄伟的石牌坊上，镌刻着著名诗人流沙河题写的"时光隧道今通古，桑竹田园主娱宾"和"无影无踪渔郎路志，有根有据陶令文章"两幅楹联。

逆桃花溪入洞，洞内钟乳倒挂，千姿百态，好似观音坐莲、燃灯古佛、宫廷玉灯、银山雪海、飞禽走兽，令人叹为观止。

洞中滴水如珠，叮咚有声好似铜壶滴漏在石钟和石鼓上轻叩，声音清脆悦耳，此乃洞中八景之一的"石鸣钟鼓"。

大酉洞中石壁石刻颇多，因年代久远皆模糊难辨。唯洞尾左侧高处，摩崖石刻"太古藏书"4字遒劲有力，清晰犹存。

洞口的高处是由著名作家马识途题写的"桃花源"3个大字。学者专家认为，这里就是东晋著名诗人陶渊明笔下《桃花源记》的原形。陶渊明笔下的"桃花源"一直是人们心中世俗喧嚣之外的净土。

大酉洞长百余米，有溪水淙淙，秋冬不竭，沿洞右侧流出，注入西阳河。

溯溪入洞，两岸墙立，半里许，豁然开朗，别有一番天地。其中田约0.7公顷，四周环山，皆峭壁，仿佛与世隔绝。因此，清代地方志的《酉阳州志》称此洞"与陶渊明桃花源者，毫厘不爽"。

洞顶，钟乳悬挂，错落有致，水落珠玑，叮咚有声。乳石形态各异，或人或物，亦禽亦兽，凭人之兴，随形赋名。

左右石壁有许多篆刻题咏，皆因年代久远，蚀损莫辨。唯洞后左壁上，清代酉阳知州罗升梧手书的"太古藏书"4个斗大的楷体字，仍清晰可见。

关于藏书一事，清代的《酉阳州志》中记载有一诗，说秦始皇焚书坑儒，咸阳书生背着书籍，逃进武陵山区，将所负之书尽藏此洞中。

洞外幽洞通天，溪自洞出，桃林夹岸，落英缤纷。洞内溪水淙淙，钟乳悬挂，水落珠玑。穿过桃源洞，眼前豁然开朗，别有韵味。这里有较完整的溶斗，岩壁高，溶斗盆地面积大，土地平旷、阡陌纵横、良田美池、村落点布。

洞内盆地有一口终年不枯的泉眼，崖壁上若干小溶洞中，有泉水飞泻。桃花溪汇泉而成，溪水穿大酉洞流出，清澈见底，落英缤纷，溪畔有古雅的"问津亭"，为四角木质小亭。

桃花源景区由古桃源、伏羲洞、桃花源国家森林公园、酉州古城和桃花源广场等部分组成，是陶渊明笔下"世外桃源"的文脉原型，是后世人们远离尘世喧嚣、步入秦晋田园、探寻地质奥秘、回归绿色天堂的理想场所。

桃花源景区入口处是一片茂盛葱郁的桃树林，一条清净小溪潺潺流过，若是等到阳春三月，便应了诗中那句"忽逢桃花林，桃花源夹，岸数百步，中无杂树，芳草鲜美，落英缤纷。"

行人走入洞穴，静听岩壁滴水落珠之声，忽觉一股脱俗之意，再

前行便是豁然开朗的田园景色："土地平旷，屋舍俨然，有良田美池桑竹之属。"在一瞬间，便恍若隔世，返璞归真。

美池中有一个小岛，名桃花岛，岛上有一个小亭。水池后，有一座小村，名叫潜村，潜村实则为一座小小的酉阳民俗博物馆。

桃花源的尽头，分布有玉盘仙迹、有字天书、天池、秀才看榜、巴人栈道、

逍遥洞等景区。往回走，桃花源的最中间是精致的避秦庄，得名于"自云先世避秦时乱"。避秦庄旁边是十二生肖及大片桃林。出景区处，有陶然阁和拙村。

桃花源的水源自伏羲洞的地下水。伏羲洞位于桃花源风景区内的金银山脚下。伏羲洞是我国面积最大、景观最美的洞穴之一。洞内有暗河，为桃花溪的源头。洞内石钟乳丛生，怪石林立，形态各异。

金银山位于酉阳县桃花源镇桃花源社区，为古桃花源景区西面屏障。森林公园的山体以"奇、秀、险、俊、雄、美"而知名，植被以"丰富多样、原始珍稀"而见长，水体"清澈见底、甘甜醇美"，洞穴"雄奇、神秘"，到处是青山绿水、英英绿草、茫茫林海和鸟语花香，可谓一个巨大的天然物种宝库。

龙潭古镇位于重庆东南武陵山区腹地，龙潭因伏龙山下两个状如"龙眼"的氽水洞常年积水成潭，古镇自"龙眼"之间穿过，形如

"龙鼻"，因而得名。

从宋朝至清朝600余年的"蛮不出洞，汉不入境"土司统治政策，造就了龙潭这1000年古镇独有的建筑艺术和神奇的民族文化。

古镇顺湄舒河而建，规模庞大，保存完好。后存的石板街被磨蹭得光可鉴人，青幽如玉，古老的海生物化石时隐时现。多座土家吊脚楼翘角飞檐，形态美观。街上店铺林立，巷道相互连通。封火墙壁垒森严，气势恢宏。四合院古朴幽静，颇具特色。桃花源是与世隔绝的"人间仙境"，是武陵酉州的一朵奇葩。

知识点滴

伏羲洞的由来，要从一块有着一个美丽爱情故事的巨石说起。那是在混沌初开的洪荒年代，洪水滔天，世上要快没有人了，只剩下一个叫伏羲的哥哥和一个叫女娲的妹妹。

为了人类的繁衍，必须要兄妹成亲，但妹妹不同意。他俩就共同商量了一个办法，一人各拿一面石磨，各站一个山头，同时将石磨从高山滚下，如果石磨分开就不能成亲，如果石磨合在一起，就表示天上玉皇大帝默认兄妹可以成亲。

最后，这两面石磨滚到了一起，留下了一块巨石，并在地上砸出了一个大洞，故名"伏羲洞"。

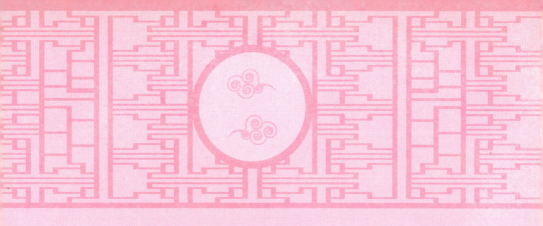

纳祥送吉——四川佛宝

　　福宝古镇又名佛宝镇，始建于元末明初，至明末清初已"积众数百家，可为巨镇"，成为大漕河流域政治、经济、文化交流中心。

　　建镇时因交通极不方便，谋生艰难，故以庙宇兴场，得以取名佛保场，后因在一次大火后重建，在正街上挖得一直巨大鹅卵石，后改名为"佛宝新场"。新中国成立后更名为"福宝场"。

福宝古镇依山傍水，五桥相通，三水相汇，镇周青山叠翠，河岸绿竹摇风。回龙街是全镇保存最完整的一条古街，排排吊脚木楼随山势起伏，错落有致。

房舍多为明清风格的木结构建筑，灰瓦、白墙、青石板的天井，间有回龙桥、三宫八庙等古建筑掩映其中。

佛宝风景名胜区，位于四川省东南部，地处四川盆地南缘，是大娄山北脉尾部的原始森林区。有山雄、水奇、石奇、林茂等特点。

佛宝风景区属亚热带暖湿气候，自然条件优越，植被保存完好，是世界上同纬度罕见的常绿阔叶林区。景区内为丹霞地貌，诸多峰岭露出的红色砂岩与绿色森林巧妙配合，相映成趣。由林海、竹海、峰峦、飞瀑、古寨、原始风情等组成景点。

佛宝镇上的回龙桥是沟通双河半岛与万寿山交通的古桥，因跨越回龙河而得名。回龙桥建于1840年，桥拱中央镌刻有一条龙，曾挂有一口青铜剑。原桥栏为歇山式房顶式样，桥栏两端雕有麒麟动物。

佛宝镇上有个土地庙，土地神源于远古人们对土地权属的崇拜。土地能生五谷，是人类的"衣食父母"，因而人们祭祀土地。

吊脚楼是房屋的后部由木料或石料为支柱托起的木结构楼房。它是川南山地古民居的特色建筑。福宝古镇因是依山而建，随水而陡斜，故有许多吊脚楼，成为古镇一道美丽的风景。这排气势雄宏的吊脚楼搭建在高峻的青石砌壁之上，支柱高挺，楼阁凌空，历经数百年风雨而坚如磐石，被专家称之为"吊脚木楼的经典之作""一尊壮丽辉煌的雕塑"。

一条半绕古镇的小河叫回龙河，它的上游叫白色溪，发源于福宝镇境内的马颈山。福宝古镇"三水相汇"，回龙河是其一，另外两水是大漕河、天堂河。

公馆是旧时官员、富人较豪华的住宅。这里是清道光年间古镇地方官汪世泰的住所。汪公馆房屋为悬山式，两侧有高大的封火墙，大门为三柱二间单檐重楼，楼栏杆和一斜撑雕刻精细，两门挂刻有对联，后房为一楼一底，筑有碉楼。这座公馆是现在福宝古镇保存最为完整，工艺最佳的清代建筑。

一条纵贯佛宝古镇的河流叫大漕河。发源于合江东南边陲与贵州交界的天堂坝乡魂牵子山，流经福宝老区的崇山峻岭和深丘地带，到

重庆市江津县境内注入长江。大漕河既是福宝的母亲河，也是福宝的代名词，因而也称"福宝河"。

佛宝岩居位于佛宝古镇与天堂坝景区之间，佛宝岩居形成于2000多年前的西汉武帝时期，其古朴的岩居生活至今保留着原始的自然崇拜和刀耕火种的生活方式，是巴文化、蜀文化、夜郎文化和中原文化的汇聚地。

岩居有独特的天然优势，自然拥抱的环境，清澈甘美的山泉，山高林密，鸟语花香，青山碧水尽收眼底。冬暖夏凉，存放食品长久不坏，即使是热浪逼人的酷暑，在岩居中也清凉宜人。

居住在原始森林中的山上还有用不完的枯柴，吃不完的野果、野菜，喝不完的山泉，佛宝岩居作为"人类最古老生存方式的活化石"是佛宝景区最具特色的文化旅游项目。

佛宝原始森林是国家级森林公园，这里峰峦起伏，是树种保存完整而丰富的常绿阔叶林带，是四川的生物资源基因库。佛宝风景名胜区历史以来就以"林海"著称。景区内有原始森林及成片楠竹林，以常绿阔叶林为主导类型。

丹霞地貌神奇秀美，独特壮观。佛宝地层构造特殊，海拔高低悬殊，多属中生代白垩系砖红色长石、石英砂岩构成。

它以极其艳丽的赤壁丹岩、奇峰异石与广袤的绿色森林、飞瀑流泉相映衬，同西南常见的喀斯特地貌形成强烈对比，成为独具一格的丹霞地貌景观。佛宝丹霞地貌不仅面积大，而且各种丹霞造型地貌也丰富多彩。

景区生态景观千姿百态，它荟萃恬静的湖光山色，轰鸣的飞瀑流泉，壮美的赤壁丹崖，浩瀚的莽林竹海，浑然天成，妙趣横生。

原始林，大竹海，碧波万顷滔天外；瀑吼龙腾，气势磅礴，雷霆万钧。被誉为"森林天地，物种宝库，风景瑰宝"，各种景观天趣横生，交相辉映。

佛宝风景区人文景观源远流长，历史悠久。此镇高低起伏，形态多姿，三水相汇，河岸绿竹摇曳。佛宝文化源远流长，民间艺术种类繁多，如演灯戏、对山歌、打连枪、耍花灯、舞狮子等。

相传，唐僧师徒去天竺国取经，但授经之神向他们索要财物，使得唐僧献出了御赐的金钵。师徒四人心中不满，故由悟空施术盗走了如来的许多珍宝。

回来途中师徒四人腾云驾雾四处寻找藏宝之地，当他们来到四川合江时，发现了一片茂密的原始森林，这里峰峦叠嶂，溪水萦绕，古木参天，奇花异草，珍禽异兽，景色迷人。

唐僧认为这里是藏宝的最佳地方，于是四人便把宝分别埋在山顶和溪边。这批宝藏后来被佛宝人民发掘出来，佛宝古镇由此得名。

知识点滴

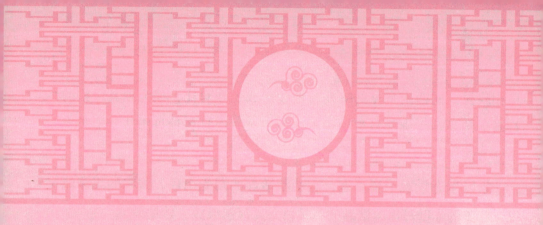

光彩夺目——重庆金佛山

　　金佛山位于重庆南部南川区境内，融山、水、石、林、泉、洞为一体，集雄、奇、幽、险、秀于一身。

　　这里风景秀丽、气候宜人，旅游资源丰富，以其独特的自然风貌，品种繁多的珍稀动植物，雄险奇特的岩体造型，神秘而幽深的洞

宫地府，变幻莫测的气象景观和珍贵的文物古迹而荣列国家重点风景名胜区和国家森林公园之列。

金佛山，又名金山，古称"九递山"，属大娄山山脉，由金佛、箐坝、柏枝三山等100多个峰组成。主峰风吹岭，是大娄山脉最高峰。

金佛山就如高昂的龙头雄踞在这条山系的北端，每当夏秋晚晴，落日斜晖把层层山崖映染得金碧辉煌，如一尊尊金身大佛被射出万道霞光，异常壮观而美丽，"金佛山"也因此而得名。

山上珍稀动植物种类繁多，植物多达5000多种，其中银杉、银杏、大叶茶、方竹、杜鹃王树属国家一类保护植物，被誉为"金山五绝"。

金佛山属典型的喀斯特地质地貌，由于特殊的地理位置和气候条件，在古老的时代，缓冲了第四纪冰川的袭击，完整地保持了古老而又不同地质年代的原始自然生态，山势雄奇秀丽，景色秀美迷人。

金佛山属亚热带湿润季风气候，具有冬短、春早、夏长，雨热同季、气候垂直变化明显的特点。由于特殊的气候条件，时而云雾走了又来，云海波涛翻滚，时而雨过天晴，云、雨、霞、雾、雪、风形成了独特美丽的奇光异彩气象景观，形成了许多优美的水体景观以及飞流直下三千尺的龙岩飞瀑和三层瀑。

古老原始的地质条件、自然资源和温润的气候条件，创造和繁衍了无数珍贵的生灵，是一座品种繁多，珍稀集中的生物宝库。

植物群落由于地势高差大，呈垂直带分布，亚热带针叶林、针叶与阔叶混交林、落叶阔叶与常绿叶林、原始森林、平竹林、草甸均有特殊风貌；古稀植物呈区域性分布，组成罕见的古稀植物群落景观，层次分明，高大乔木林下是大片方竹林及各类灌木丛。

丰富的植物资源，养育了众多的野生动物。其中有很多珍稀禽兽，约占四川省保护动物一半以上。其中，属于国家一级保护动物的有金钱豹、华南虎、龟纹豹、红腹角鸡、黑叶猴等二级保护的有猕猴、穿山甲、毛冠鹿、林麝、黑熊等；三级保护的有小灵猫、朱雀、太阳鸟、金画眉、橙足鼯鼠、南狐等。

在金佛山北坡和西麓原原始森林中，发现了世界唯一幸存的大片罕见银杏野生植株。以金佛山顶峰为核心的金佛山北部、东北、东部、东南和西南部，至今存在着一个银杏天然资源分布区，共有银杏天然资源约2000棵，是一个物候型年龄级比较齐全的种群。

生态石林是金佛山最具特色和代表性的景点之一，与其他石林相比，同样有石峰石屏，同样是千姿百态的石林景观。

这里的石林是充满生命活力的石树共生奇观，有如韬光养晦的智者，掩藏于遮天蔽日的原始林海中。

微风暗渡之时隐有鸟语花香，曲径通幽之处又见峭壁峥嵘，走进这片浓荫之下的石林，才能真正感悟大自然造化之神奇及自然生命之奥秘。

峰谷绵延数十条大小山脉，屹立多座峭峻峰峦。区内天然溶洞星罗棋布，以位于睡佛肚脐上的古佛洞最为著名，雄大幽深，洞中有山、有河、有坝，洞中有洞，层层交错。

金佛洞和古佛洞是金佛山数十个溶洞群中的佼佼者，它们的神奇不在于有多漂亮的钟乳石，而在于它们海拔高、地质形成年代久远、规模宏大等特点，其保存完好、是世界罕见的洞穴采硝遗址更是为其

增添了一份神秘色彩。

　　洞内有蜿蜒曲折的羊肠小道，有气势恢宏的巨型大厅，洞宫地府神秘莫测，迄今为止仍不知洞底有多深多远。在洞中穿行，听滴水空灵，看琼花幻景，感受大山之脉搏，自得一番超然之境界。

　　永灵古道是早时当地民间朝山拜佛采山珍草药的崎岖小道，既可亲历悬崖古道的惊险刺激，又可体验近立眼前的峭壁山峰之奇峻，永灵古庙、九天飞泉、藏宝崖更为古道增添几分神秘色彩。

　　杜鹃观赏园是杜鹃花品种较丰富、观赏最为便利的杜鹃花观赏区，可观赏杜鹃王子、杜鹃王妃等名贵乔木杜鹃。

　　卧龙潭峡谷两岸峭壁林立，森林茂密，沟谷溪流潺潺，清凉幽静，并可近距离观赏野生动物。

　　南天门矗立群山之巅，远眺莽莽林海和逶迤群山，近观座座耸立石峰，无限风光尽收眼底。

高耸入云的石人峰，雄奇伟岸的身躯，似天降神兵屹立在群山幽谷间，守护着金佛山万物生灵。

银杉岗是珍稀植物"活化石"银杉的最佳观赏地，远眺南天门群山叠翠、石峰耸立，极为壮美。

几座十余米宽的石柱托起一座巨大山峰，形成数道雄奇险峻的巨型石门，也就是石门宫，石门宫宏伟壮观，震撼心魄。

三叠飞瀑位于金佛山南坡，瀑布分三层三折，高近百米，长年飞流直泻，水流跌宕起伏，雄伟壮观。

大宝洞位于三泉景区的大宝山上，古人曾将它作为山寨，封住石门。洞又分为上下两层，下层长约450米。

洞分成前、中、后3部分，前洞较为宽阔，洞底平现，左侧壁像房柱似的几根钟乳石，间隔分割成石室精舍。前面是一钟乳石顶天立地，发垂手臂，有人说它像西方的维纳斯。

行至拐弯处，一石象亭立于水池边刚好二道门口守护着里面无尽宝藏似的，叫作"镇宝灵象"。

古佛洞深藏在金佛山海拔最高处，是我国著名的高山天然溶洞。

古佛洞是一个巨大的古潜河河系的河道，其独特的石壁景观，是3000万年前古潜河水流激荡的结果。

在数米高狭洞的顶部，潜河水流形成的痕迹宛如一条脊梁，随洞形蜿蜒，当地人称其为"龙脊"。

随着这条支流往深处走上约百米，古潜河巨大的主河道赫然眼前，一个面积像足球场大小的古潜河回旋区，让人仿佛置身于巨大的宫殿之中，其高耸的石壁上清晰可见古潜河河流在远古时期随岁月流逝所刻下的波动"水纹"。

古佛洞有大量画壁。画中既有山水风光、名山大川，又有飞禽走兽，大江大河、高山峻岭、似人似物，画面栩栩如生，惟妙惟肖。

画壁是由晚古生代二叠纪黑色灰岩组成，因岩石较为破碎，后期白色的方解石充填其中，形成了黑白分明、对比度强烈的天然画壁。

金佛山古佛洞内的"壁画"自然天成，鬼斧神工，没有人工雕琢的痕迹，国内罕见。

知识点滴

传说，很久以前，金山上原来没有庙宇，有一天，露天里突然出现一座观音像，像前丛生一片方竹，竹叶正好指在观音的脸上，雨水打在观音身上。

这情景给为老母上山采药的孝子看见了，他悲叹道："人和佛都在受苦啊！"

孝子把自己所戴的斗笠给观音戴上，继续去采药。不一会儿，那斗笠被风吹落在山径上，斗笠上挂着的几片竹叶变成了金叶，孝子大惊，忙为观音修寺庙和塑金身。于是，金山上第一次出现了金佛寺，山也称为金佛山。

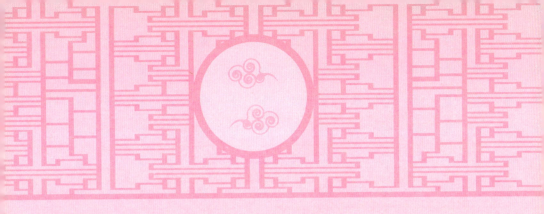

冰雪世界——四川贡嘎山

　　"贡嘎山"，藏语中"贡"是冰雪之意，"嘎"为白色，意为"白色冰山"，也意为"最高的雪山"。

　　贡嘎山坐落在青藏高原东部边缘，在横断山系的雪山中段，位于大渡河与雅砻江之间，在四川省康定、泸定、石棉、九龙4个县之间。

　　贡嘎山景区以贡嘎山为中心，是由海螺沟、木格错、五须海、贡

嘎南坡等景区组成，贡嘎主峰周围林立着100多座海拔五六千米的冰峰，形成了群峰簇拥、雪山相接的宏伟景象，但又保持着原始、秀丽的自然风貌，仿若"瑶池仙境"。

景区内温泉点有数十处，水温有的达到90度以上，著名的有康定二道桥温泉和海螺沟温泉游泳池。

景区内还有跑马山，有贡嘎寺、塔公寺等藏传佛教寺庙，有藏族、彝族等丰富多彩的民族风情。

贡嘎山地质构造活动频繁，产生了许多褶皱和断裂。随着山体的抬升，河流东西两坡形成高差的峡谷。贡嘎山山体为浅绿色花岗闪长岩。贡嘎山主峰有4条主山脊：西北山脊、东北山脊、西南山脊和东南山脊。由于该地区岩层以花岗岩为主，加上长期冰蚀作用，狭窄的山脊犹如倾斜的刀刃，坡壁陡峭，岩石裸露。

贡嘎山地区又是横断山系中高峰集中区，在其附近聚集了许多高峰。贡嘎山一带是世界上海洋性冰川最早发育地区之一，在长期冰川作用下，贡嘎山发育为金字塔状大角峰，冰雪崩极其频繁，其周围绕

以峭壁，狭窄的山脊犹如倾斜的刀刃，坡壁陡峭，岩石裸露。

贡嘎山以冰川闻名，主要以山谷冰川为主，悬冰川和冰斗冰川也有分布。最长的海螺沟冰川，是我国著名的冰川公园，拥有众多冰川奇观。

其中著名的有海螺沟一号冰川、贡巴冰川、巴旺冰川、燕子沟冰川和靡子沟冰川。其冰层厚度，十分壮观。由于冰川的侵蚀，陡峭的山峰变为金字塔形，高耸入云，直刺青天。

海螺沟冰川大约形成于1600年以前。在冰川的运动中形成晶莹如翡翠、水晶，观赏价值极高的冰川弧拱、卷曲、单斜、向斜构造成的冰川层纹单条裂缝长达100余米，蔚为壮观。在冰川的消融过程中形成了千姿百态的冰面湖、冰桌、冰洞与冰桥、冰面河，令游人赞不绝口。冰川有"三怪"：

一怪不冷。冰川上气候暖和，夏秋季节，可身着薄衫，脚踏冰川徜徉在这光怪陆离的神奇冰川世界，完全不用担心"冰上不胜寒"。

二怪冰崩。大冰瀑布常年"活动不息"，发生着规模不等的冰崩。一次崩塌量可达数百万立方米，此时冰雪飞舞，隆隆响声震彻峡谷，一两千米之外也可听到，场面蔚为壮观。

三怪构造千奇百怪。冰川表面有数不胜数，绚丽多姿的美妙奇景。其中有冰桌冰椅、冰面湖、冰窟窿、冰蘑菇、冰川城门洞等，太多的奇景让人目不暇接，不断会有新的发现，新的惊奇。

贡嘎山地区的气候深受海拔高度的影响，气温随海拔升高而降低，而降水量随海拔升高反而增大。降水梯度可能有所波动，但雪线带的年降水量可能达3000毫米，仍呈现增长的趋势。

山地气候的这一特点，使海螺沟从沟口起，出现亚热带、暖温带、寒温带、亚寒带、寒带和极地带气候的所谓"一山有四季，十里不同天"气候特征。

特定的地理环境和特殊的气候条件，形成了多层次的立体植物带和特有的自然景观。海拔5千米以上的山峰，终年积雪；低海拔、无人烟的坡麓地带森林密布，郁郁葱葱，生态环境原始，森林受人类活动的影响小，植被完整，几乎拥有从亚热带到高山寒带能生存的所有植物物种。

珍稀植物种类繁多，东部河谷地区还遗留了不少被称为"活化石"的古老的动植物。

栖息在这里的野生动物、珍稀保护动物，堪称世界野生动植物的大观园。贡嘎山的海螺沟是原始森林区，为针叶林、针阔混交林、暗针叶林和高山灌丛分布区。

贡嘎山植物区系在整体上具有温带性质，但在干旱河谷地带，热带和温带区系成分的比例相当。热带成分的构成和分布反映古热带和古地中海区系的残遗性影响。

东亚和东亚至北美成分对贡嘎山中部森林植物区系的影响最大，这些成分以温带古老性质为主。

北温带成分是贡嘎山植物区系的主体之一，对青藏高原隆升以来贡嘎山植物区系进化类群和特有成分的发展有主要贡献，代表区系的年轻组成部分。

知识点滴

传说，珠峰从前是一个风景秀丽、四季常青，如仙境般的地方，这里住着5个仙女，虽然年岁都有千万年，然而青春常在，藏民称她们为"长寿仙女"。

5位仙女分别掌管福寿、农耕、畜牧、文艺和礼乐。其中，主管珠峰的是三姐，人称翠颜仙女，所以人们又把珠峰叫做"翠仙雪峰"或"第三女神"。

五仙女的姑姑名叫贡嘎仙姑，就住在康巴打箭炉的木雅·贡嘎雪山。